面向21世纪高等院校会计类核心课程实验实训教材系列

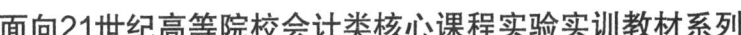

会计基础能力实训

陈云娟　汪　静　主编
毛卫东　王艳超　副主编

图书在版编目(CIP)数据

会计基础能力实训/陈云娟,汪静主编.—上海:上海财经大学出版社,2018.8

面向21世纪高等院校会计类核心课程实验实训教材系列
ISBN 978-7-5642-3075-3/F·3075

Ⅰ.①会… Ⅱ.①陈…②汪… Ⅲ.①会计学-高等学校-教材 Ⅳ.①F230

中国版本图书馆CIP数据核字(2018)第160286号

□ 责任编辑　柳萍萍
□ 封面设计　杨雪婷

会计基础能力实训

陈云娟　汪　静　主　编
毛卫东　王艳超　副主编

上海财经大学出版社出版发行
(上海市中山北一路369号　邮编200083)
网　　址:http://www.sufep.com
电子邮箱:webmaster@sufep.com
全国新华书店经销
上海宝山译文印刷厂印刷装订
2018年8月第1版　2018年8月第1次印刷

787mm×1092mm　1/16　10.75印张　275千字
印数:0 001—3 000　定价:42.00元

前　言

会计是一门实践性和操作性很强的学科，它既要求学生掌握必要的理论知识、实践能力，也需要一定的职业能力，完成业务数据化处理分析。为培养学生成为具有综合职业能力的应用型人才，将学生转变为准职业人，需要搭建理论与实践的衔接平台，因此，加强会计模拟实训就显得尤为重要。

《会计基础能力实训》教材，以培养学生初入职场所需要的基本能力为目标、以《基础会计学》为理论基础、以《会计基础工作规范》和《支付结算办法》等法规为依据，设计了实训内容。《会计基础能力实训》包括会计基本技能实训与综合实训。基本技能实训为单项实训形式，即针对会计工作某一方面的能力进行训练，包含会计书写规则、出纳岗位基本技能、原始凭证和记账凭证填制与审核、账簿登记和报表编制规范；综合实训则模拟某企业一个月较完整的经济业务，通过提供实际工作中真实的票据、单证式样，让学生在逼真的单据操作训练中，完成从企业期初建账、填制记账凭证、登记账簿到编制会计报表全过程的会计工作。为了让学生能了解手工和信息化会计处理整个流程，综合实训部分设计了手工和电算化两种形式的实训。通过这些模拟训练，帮助学生进一步巩固会计基础理论知识，初步掌握会计工作的流程，提高会计操作基本技能。为了方便教学，本教材综合业务部分还附有参考答案。

本教材由浙江师范大学行知学院的陈云娟和汪静担任主编，毛卫东和王艳超担任副主编，共同负责全书各章节的撰写。本教材可供财经类全日制院校、职业学校的学生使用，也可供在职会计人员培训使用。在编写过程中，参阅了国内外同行的有关论著，也得到了浙江师范大学行知学院重点系列教材基金的支持,在此表示诚挚的谢意。

由于作者水平所限,加之编写仓促,书中难免存在一些错误及不足之处,恳请读者批评、指正。

编　者

2018 年 5 月

目 录

前言 / 1

第一章 会计基础能力模拟实训概论 / 1
  第一节 会计基础能力培养方法与内容 / 1
  第二节 会计基础能力培养目标 / 2

第二章 会计书写规则 / 4
  第一节 数字的书写规则 / 4
  第二节 金额的书写规则 / 8

第三章 出纳岗位技能实训 / 10
  第一节 现金业务 / 11
  第二节 银行存款业务 / 25
  第三节 其他业务 / 42

第四章 会计基本操作能力单项实训 / 47
  第一节 原始凭证填制与审核实训 / 47
  第二节 记账凭证编制与审核实训 / 50
  第三节 会计账簿登记实训 / 59
  第四节 会计报表编制规范实训 / 69

第五章 会计基本业务综合实训(手工部分) / 74
  第一节 实训企业概况 / 74
  第二节 实训材料及任务 / 75

第六章 会计基本业务综合实训(会计电算化部分) / 79
  第一节 总论 / 79
  第二节 会计电算化基础设置 / 80
  第三节 日常会计业务处理 / 93
  第四节 UFO 报表编制实训 / 100

第七章 企业1月份经济业务原始凭证 / 105

第一章　会计基础能力模拟实训概论

第一节　会计基础能力培养方法与内容

会计确认、计量和报告是会计人员对真实企业系统"运行状态"进行价值抽象的过程。会计是一种专业性和操作性都很强的职业,会计人员在会计核算工作中,需要运用专门的会计知识和技能,熟练地对单位发生的经济业务或会计事项进行确认、计量与报告。因此,会计人员不仅需要掌握会计专业知识,还应当具备会计的专业技能。会计专业技能不仅是影响会计信息量、会计工作效率的重要因素,而且是会计专业活动得以顺利开展所应具备的基本条件。

一、会计基础能力培养的方法

会计基础能力是指处理会计业务的一种能力,即对企业发生的会计业务进行记账、算账和报账等动作本身和动作方式的熟练程度。主要包括会计书写和计算、识别和编制会计凭证、登记账簿和编制报表等技能。

会计基础能力不同于会计专业知识,无法通过对会计概念、会计原则等理论讲解来实现,而是需要实践活动才能获得。相比之下,会计学的实验比其他社会科学学科要易行一些,具体表现在环境的可假定性、可操作性等方面。可以假定某一会计主体的特征及其环境,假定会计事项,进而验证会计的方法,并熟悉、掌握这些方法。与课堂理论教学、阅读、做习题、参观账务处理等学习方式相比,实验教学具有不可替代的功能:接近会计实际业务且规范,强调操作且与会计理论基础相符,业务全面典型且业务量较小。因此,会计核算模拟实验对于在校学生、在岗会计人员及其他学习者均起到相当大的作用。它为学生提供了系统学习、接触实际、加深对会计基础理论的理解、培养会计基础操作能力的机会,为在岗会计人员提供了全面了解会计业务、掌握会计方法、规范业务技术的机会。因此,会计模拟实验已被公认为科学的会计基础能力培养方法之一。

尽管如此,实验研究存在于假定的环境之中,实践中遇到的许多情况是实验所无法假设的。如实验不可能包容全部行业和全部业务,不可能采用全部的会计方法与程序,也没有假定不规范业务的存在、上级对不合规定的账务处理指令等。因此,实验并不能完全替代会计实践,它只是通向会计实践的捷径。通过会计模拟实验(也称会计模拟实训),学生能熟练掌握会计课堂上所学到的会计理论知识和会计操作基本能力。之后学生到企业进行毕业实训,对实训单位的经济活动的实际考察、研究,将进一步熟练掌握会计业务处理能力,从而成为一名合格的经济应用型人才。

二、会计基础能力模拟实训的内容

会计基础能力模拟实训既是"基础会计学"课程的必要补充,又是专业能力培养的途径之一。从"基础会计学"课程的教学过程和教学目的来看,它遵循循序渐进的原则。要完成业务的处理,首先,掌握实际操作的一些基本规范;其次,进行会计凭证的填制和审核、账簿的设置和登记;最后,完成一个会计循环,掌握会计报表编制等一系列的基本核算程序、规则和方法,为学习和掌握专业会计奠定理论基础。鉴于以上原因,本书先是对会计书写规范、凭证填写等设计了单项实训,然后以光大油泵有限公司为模拟对象,以其适量的会计核算实际资料为基础,结合基础会计学的教学特点,本着来源于实践又高于实践的原则,从中筛选出不同类型、较为典型的经济业务,按照会计核算程序设计了系统的综合实训,从建账开始,到填制和审核原始凭证、登记各类明细账和总账、编制会计报表,完成一个会计循环,把这些业务和流程设计为手工模拟实习训练系统。学生在学完"基础会计学"课程后,进行一次较为完整、系统的会计核算的基本操作实践,掌握《基础会计学》教材的内容及各章节之间的联系,加深对会计循环的理解,并为后续专业会计课程理论教学及模拟实训奠定坚实的基础。同时又考虑到财会专业的学生初入职场时所需要的一些基础能力,在基本会计循环实践教学之前,加入点钞和银行结算方式介绍等章节。

另外,现代信息技术尤其是计算机网络技术在会计领域的应用,预示着会计工作进入信息化时代。会计信息化的发展,不仅仅是会计技术手段的简单替代,对会计理论与实务都产生了深刻的影响。会计软件的发展已由会计电算化阶段发展到企业信息化阶段,由简单的财务核算向财务业务一体化的方向发展,财务处理已成为企业 ERP 建设的重要组成部分。会计信息化成为促进会计职能转变、推动管理现代化的必然趋势。因此,为了提升学生计算机实践操作能力及会计软件的运用能力,本书除了设计会计业务处理手工训练,还设计了对经济业务的计算机训练。

第二节 会计基础能力培养目标

一、会计基础能力模拟实训的目的

第一,在学习会计的基本理论和方法的基础上,通过实际业务处理,初步掌握各种会计核算方法及程序操作的基本技能。具体应着重掌握:建账的方法;填制与审核原始凭证,填制与审核记账凭证,编制科目汇总表的方法与程序;登记库存现金日记账、银行存款日记账以及登记各种明细分类账和总分类账的方法与程序;掌握结账、对账、更正错账、编制资产负债表与利润表的基本能力。

第二,在会计核算实际操作的过程中,将具体核算步骤同所学的会计基本理论和基本知识结合起来。通过边实训、边学习、边思考和边总结的过程,理解和巩固基本理论和方法,并弥补书本知识的不足,进一步提高对会计基本理论和方法的掌握,加深对所学专业的认识,为今后会计专业知识的进一步学习、将来能更好地适应实际工作奠定坚实的基础。

第三,通过会计基础能力实训课,为初步培养一名合格的会计人员所具备的各种工作作风和业务素质打下的牢固基础。具体包括:坚持原则,实事求是,严格按照财务制度规定,正确处理每笔会计事项;刻苦钻研,善于思考,不断提高知识水平和业务能力;认真细致,一丝不苟,兢兢业业地做好每一项工作;不怕困难,任劳任怨,正视顺利与曲折;团结互助,密切合作,正确处理工作岗位之间的关系;解放思想,勇于开拓,不断探索新情况、解决新问题。

二、会计基础能力模拟实训的基本要求

第一,以模拟企业实际发生的经济业务作为实训内容。实训时间为 2 周 48 学时,安排在

《基础会计学》讲授完之后的下一个学期进行。各校可根据具体情况灵活安排。

第二,实训中使用的会计凭证、会计账簿和会计报表均应采用现行企业使用的标准规范格式。

第三,进行模拟实训的学生,应以端正、认真的态度,高度的责任心,进入实训角色,并在实训指导教师的安排和指导下,严格按实训操作程序进行,精益求精、保质保量地在规定的时间内圆满完成实训任务。

第四,实训中要依据现行的会计准则、相应的财经法规和有关的会计工作规定、细则,处理会计事项。要求做到:书写规范、字迹清晰、资料整洁、内容完整、计算准确、凭证和账簿装订要符合要求。

第五,实训完毕,实训指导教师应根据实训学生对以上各项要求的完成情况,评定出实训成绩。

第二章 会计书写规则

第一节 数字的书写规则

一、阿拉伯数字书写规范

阿拉伯数字,简称小写数字:1、2、3、4、5、6、7、8、9、0 等,是世界各国的通用数字。现在采用的小写数字起源于原始的阿拉伯数字,后经中东、北非传入欧洲,再由欧洲人演变而成。它同原始的阿拉伯数字相比,已面目全非,但"阿拉伯数字"的称呼长期沿用,已约定俗成。在财会工作中,阿拉伯数字的书写方法与普通书写方法有所不同,已形成一定的规格。它要求:

1. 字体各自成形,大小均匀,排列整齐,字迹工整、清晰。

2. 数字不能写满格,每个数字一般约占格子高度的 1/2,要留出空隙,以备更正改错之用,也清晰美观。

3. 贴格子的底线书写,除"6、7、9"外,其他数码要高低一致。写"6"时,上端比其他数字高出 1/4;书写"7"和"9"时,下端伸出 1/4,所占位置不能超过底线下格的 1/4。"1"字不能写短,要符合斜度,以防改为"4""6""7"和"9"字。

4. 字体要自右上方斜向左下方书写,斜度一致,约为 60 度,并且同一相邻数字之间要空出半个小写数字的位置。

5. 由上而下按纵行累加的数字,要注意对准位数。

6. 有圆圈的数字,如"6""8""9""0"等,圆圈必须书写完整、对齐。下圆要明显,以防改"6"为"8"。除"4""5"以外,数字须一笔完成,不可人为地增加笔画。

7. 对于易混淆且笔顺相近的数字,在书写时,尽可能地按标准字体书写,区分笔顺,避免混同,以防涂改。如"0"和"6"、"1"和"7"、"7"和"9"、"3"和"5"、"3"和"8"等,尤其要严格区别,避免混同。

小写数字标准字体如下:

二、汉字大写数字的书写规则

中文大写数字笔画多,不易涂改,主要用于填写需要防止涂改的销货发票、银行结算凭证

等信用凭证,书写时要准确、清晰、工整、美观,如果写错,要标明凭证作废,需要重新填凭证。中文大写数字的基本要求如下:

1. 中文大写金额数字一般要求用正楷或行书书写。如壹、贰、叁、肆、伍、陆、柒、捌、玖、拾,不能使用一、二、三、四、五、六、七、八、九、十、廿、卅、念、毛、另(或 0)等字样,不得自造简化字。如果金额数字书写中使用繁体字,如貳、陸、億、萬,也应受理。

2. 不能使用未经国务院公布的简体字,也不能写谐音字。

3. 同一行的相邻数字之间要空出半个汉字大写数字的位置。

4. 字体各自成形,大小均匀,排列整齐、工整、清晰。

汉字大写数字的标准写法如下:

壹 贰 叁 肆 伍 陆 柒 捌 玖 零 拾 佰 仟 万 亿

三、汉字大写和阿拉伯数字的书写练习

要求学生根据以上所列大、小数字的标准字体和书写要求,在表 2-1 和表 2-2 中进行大小写数字的书写练习。初写时不宜求快,应在"规范"两字上下功夫。

表 2-1　　　　　　　　　　汉字大写数字书写练习表

壹 贰 叁 肆 伍 陆 柒 捌 玖 零 拾 佰 仟 万 亿

表 2-2　　　　　　　　　　小写数字书写练习表

第二节　金额的书写规则

一、小写金额的书写规则

1. 没有位数分割线的凭证账表上的标准写法

（1）阿拉伯金额数字前面应当书写货币币种符号或者货币名称简写,币种符号和阿拉伯数字之间不得留有空白。凡阿拉伯数字前写出币种符号的,数字后面不再写货币单位。

（2）以元为单位的阿拉伯数字,除表示单价等情况外,一律写到角分;没有角分的,角位和分位可写出"00"或者"—";有角无分的,分位应写出"0",不得用"—"代替。

（3）只有分位金额的,在元和角位上各写一个"0"字并在元与角之间点一个小数点,如"￥0.06"。

（4）元以上每三位要空出半个阿拉伯数字的位置书写,如：￥5 647 108.92。也可以三位一节用"分位号"分开,如：￥5,647,108.92。

2. 有数位分割线的凭证账表的标准写法

（1）对应固定的位数填写,不得错位。

（2）只有分位金额的,在元和角位上均不得写"0"字。

（3）只有角位或角分位金额的,在元位上不得写"0"字。

（4）分位是"0"的,在分位上写"0";角分位都是"0"的,在角分位上各写一个"0"字。

二、大写金额的标准写法

1. 大写金额的写法

（1）大写金额要紧靠"人民币"三字书写,不得留有空白,如果大写数字前没有印好"人民币"字样的,应加填"人民币"三字。

（2）大写金额数字到"元"或"角",在"元"或"角"后写"整"字;大写金额有"分"的,"分"后面不写"整"字。如￥12 000.00应写为：人民币壹万贰仟元整;再如,￥48 651.80可写为：人民币肆万捌仟陆佰伍拾壹元捌角整,而￥486.56应写为：人民币肆佰捌拾陆元伍角陆分。

（3）分位是"0"可不写"零分"字样,如￥4.60应写为：人民币肆元陆角整。

（4）阿拉伯金额数字中间有"0"时,汉字大写金额要写"零"字。如￥1 409.50应写为：人民币壹仟肆佰零玖元伍角整。

（5）阿拉伯金额数字元位是"0"的,或者数字中间连续有几个"0"的;元位也是"0",但角位不是"0"时,汉字大写金额可以只写一个零字,也可以不写"零"字。如￥1 680.32,汉字大写金额应写为：人民币壹仟陆佰捌拾元零叁角贰分;或者写为：人民币壹仟陆佰捌拾元叁角贰分。又如￥97 000.53,汉字大写金额应写为：人民币玖万柒仟元零伍角叁分,或者写成：人民币玖万柒仟元伍角叁分。

（6）阿拉伯金额数字角位是"0",而分位不是"0"时,汉字大写金额"元"后面应写"零"字。如￥6 409.02,汉字大写金额应写成：人民币陆仟肆佰零玖元零贰分。又如￥325.04,汉字大写金额应写为：人民币叁佰贰拾伍元零肆分。

（7）阿拉伯金额大写中,"壹拾几"的"壹"字,一定要写,不得遗漏,因为"拾"字仅代表位数,并不是数字。

(8) 在印有大写金额万、仟、佰、拾、元、角、分位置的凭证上书写大写金额时,金额前面如有空位,可划"×"注销,阿拉伯金额数字中间有几个"0"(含分位),汉字大写金额就是几个"零"字。又如￥100.50,汉字大写金额应写成:人民币×万×仟壹佰零拾零元伍角零分。

2. 大写金额书写应注意的几个问题

(1) 大写数字不能乱用简化字,不能写错别字,如"零"不能用"另"代替,"角"不能用"毛"代替等。

(2) 中文大写数字不能用中文小写数字代替,更不能与中文小写数字混合使用。

(3) 中文大写数字错误的订正方法。中文大写数字写错或发现漏记,不能涂改,也不能用"划线更正法",必须重新填写凭证。

3. 大写金额写法解析

会计人员进行会计事项处理,书写大小写金额时,必须做到大小写金额内容完全一致,书写熟练、流利,准确完成会计核算工作。下面列举在书写大写金额时,容易出现的问题并进行解析。

(1) 小写金额为 6 500 元。

正确写法:人民币陆仟伍佰元整。

错误写法:人民币:陆仟伍佰元整。

错误原因:"人民币"后面多一个冒号。

(2) 小写金额为 105 000.00 元。

正确写法:人民币壹拾万零伍仟元整。

错误写法:人民币拾万伍仟元整。

错误原因:漏记"壹"和"零"字。

(3) 小写金额为 60 036 000.00 元。

正确写法:人民币陆仟零叁万陆仟元整。

错误写法:人民币陆仟万零叁万陆仟元整。

错误原因:多写一个"万"字。

(4) 小写金额为 35 000.96 元。

正确写法:人民币叁万伍仟元零玖角陆分。

错误写法:人民币叁万伍仟零玖角陆分。

错误原因:漏写一个"元"字。

(5) 小写金额为 150 001.00 元。

正确写法:人民币壹拾伍万零壹元整。

错误写法:人民币壹拾伍万元另壹元整。

错误原因:将"零"写成"另",多出一个"元"。

4. 大写金额在票据填写的应用

(1) 票据的出票日期必须使用中文大写,以防止变造票据的出票日期。在填写月、日时,月为1、2和10的,日为1~9和10、20、30的,应在其前加"零"字;日为10~19的,应在其前加"壹"字。如2010年2月9日,应写成:贰零壹零年零贰月零玖日;10月16日,应写成:零壹拾月壹拾陆日;11月30日,应写成:壹拾壹月零叁拾日。

(2) 票据出票日期使用小写填写的,银行不予受理。大写日期未按要求规范填写的,银行可予受理,但由此造成的损失,由出票人自行承担。

第三章 出纳岗位技能实训

一、出纳岗位业务范围

出纳是会计工作的重要环节,涉及现金收付、银行结算等活动,其业务范围主要包括以下方面:

1. 办理现金收付和银行存款结算业务;
2. 登记现金日记账和银行存款日记账以及相关的备查簿;
3. 保管好库存现金和有价证券;
4. 保管好有关印章、空白收据、空白支票;
5. 复合收入凭证,办理销售结算。

二、出纳岗位具体业务要求

出纳工作涉及票据、货币资金和有价证券的收付、保管、核算,这些又直接关系到职工个人、单位乃至国家的经济利益,工作一旦出现差错,就会造成不可挽回的损失。因此,明确出纳人员的业务要求,是做好出纳工作的起码条件。根据《会计法》《会计基础工作规范》等财会法规,出纳岗位业务要求如下:

1. 按照国家有关现金管理和银行结算制度的规定,办理现金收付和银行结算业务。出纳员应严格遵守现金开支范围,非现金结算范围不得用现金收付;遵守库存现金限额,超限额的现金按规定及时送存银行;现金管理要做到日清月结,账面余额与库存现金每日下班前应核对,发现问题,及时查对;银行存款日记账与银行对账单也要及时核对,如有不符,应立即通知银行调整。

2. 根据会计制度的规定,在办理现金和银行存款收付业务时,要严格审核有关原始凭证以及收付款凭证,然后根据审核无误的收付款凭证逐笔按序登记现金日记账和银行存款日记账,并结出余额。

3. 按照国家外汇管理和结购汇制度的规定及有关批件,办理外汇出纳业务。外汇出纳业务是政策性很强的工作,随着改革开放的深入发展,国际经济交往日益频繁,外汇出纳工作也越来越重要。出纳人员应熟悉国家外汇管理制度,及时办理结汇、购汇、付汇,避免国家外汇损失。

4. 掌握银行存款余额,不准签发空头支票,不得出租出借银行账户为其他单位办理结算。这是出纳员必须遵守的一条纪律,也是防止经济犯罪、维护经济秩序的重要方面。出纳员应严格支票和银行账户的使用和管理,从出纳这个岗位上堵塞结算漏洞。

5. 保管库存现金和各种有价证券(如国库券、债券、股票等)的安全与完整。要建立适合本单位情况的现金和有价证券保管责任制,如发生短缺,属于出纳员责任的要进行赔偿。

6. 保管有关印章、空白收据和空白支票。印章、空白票据的安全保管十分重要,在实际工作中,因丢失印章和空白票据给单位带来经济损失的不乏其例。对此,出纳员必须高度重视,建立严格的管理办法。通常,单位财务章和法人章实行分管,交由出纳员保管的印章要严格按规定用途使用,各种票据要办理领用和注销手续。

第一节　现金业务

一、现金收款业务

现金收款业务在出纳工作中非常频繁。涉及现金收款的业务一般有收取零售款、收取押金、收取赔偿金、收取罚款等。出纳在现金收款时需要特别谨慎、细心,防止收到假币、金额出错、开错收款收据等错误。

（一）假币辨别

图 3-1　第五套人民币 100 元

辨别假币是出纳的基本技能之一。直观辨别人民币真伪的方法,可归纳为"一看、二摸、三听、四测"。

1. 看

（1）察看水印。迎光透视钞票,如看到具有图像清晰、层次分明、立体浮雕感强的水印,则是真的。如果透视无此效果或不迎光透视也能看到"水印"的,则是假的。如果钞票使用久了,水印部位出现污迹轮廓,而又有透视效果的,则是真的。

（2）检查钞票纸。如果钞票纸表面光洁、细腻挺括,则是真的。如果纸质绵软,表面不够平整、能看出纸的纤维,则是假的。

（3）察看图纹、图像。看钞票正面和背面的图像、图景、图案等的结构、表现,以及它们的色彩色调,与真币进行比较,观察有无差异。

2. 摸

(1) 摸雕版凹印。用手触摸票面的雕版凹印部位的图案、图形,如有明显凹凸感,则为真币。

(2) 摸盲文点。用手触摸盲文点,如有凸突的感觉,并能辨出盲文点的个数和排列形状与真币一致,则为真币。

3. 听

手持钞票凭空抖动,或手持钞票两端一松一紧地横向轻轻拉动,如果发出清脆的声音,则为真币;如果发出沉闷的声音,则为假币。

4. 测

通过一些简单工具来检测,如用紫外线灯光查验钞票纸张有无荧光反应,有则是假的。查验荧光防伪部位有无荧光反应,无则是假的。也可用磁性检测仪查验磁性防伪部位有无磁性显示,有则是真的。

如辨别发现为假币或可疑币,出纳人员应当及时处理,方法如下:

(1) 发现假币,应立即向银行和公安部门报告,以便处理。

(2) 发现可疑票币而且不能辨别真伪的,应及时送人民银行或有关部门鉴定处理。

(3) 金融机构的出纳部门对其业务活动中发现、截获的伪造和变造货币,或公安、司法机构办案中缴获并转变来的伪造币和变造币,均应当立即予以没收。

(4) 在没收伪造、变造币时,除应在每张伪造、变造币的正反两面加盖"假币""变造币"戳记外,还应给持币人或上缴单位签发中国人民银行统一印制的"伪造、变造货币没收证",加盖没收单位公章及经办人员名章。

(5) 对伪造、变造币持有者,应追查来源,为公安、司法部门侦破、处理伪造、变造币案件提供线索。

(6) 出纳人员误收伪造币、变造币被银行予以没收的,其经济损失由当事人等额赔偿,无法查明当事人的由出纳人员赔偿。

(7) 如当事人出现多次误收,除等额赔偿外,应给予批评教育,甚至纪律处分。

(二) 点钞

1. 手工点钞

通常企业都会配备点钞机,但往往机器点钞以后,出纳人员还要手工再点验,且当单位未配备点钞机时,则需进行手工点钞。故出纳需掌握手工点钞技术,达到快、准的要求。

(1) 手工点钞的基本程序。

拆把:将成把钞票的封条拆掉;

点数:手点数,脑记数;

扎把:将点钞的钞票用腰条扎紧;

盖章:在扎好的钞票的腰条上加盖经办人名章,以明确责任。

(2) 手工点钞的方法。

方法一:手持式点钞法。

手持式点钞法是指将钞券拿在手上进行清点。手持式点钞法包括手持式单指单张点钞法、手持式多指多张点钞法、手持式四指拨动点钞法和手持式五指拨动点钞法等多种方法。

① 手持式单指单张点钞法。手持式单指单张点钞法是指用一根手指一次点一张地清点人民币,是最常用的点钞法,其操作过程如图 3-2 所示。

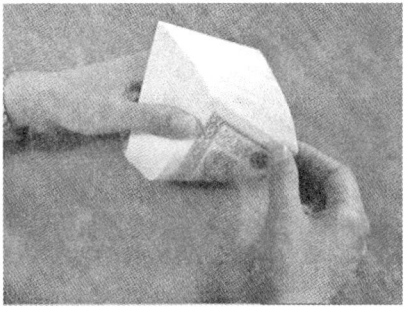

图 3-2　手持式单指单张点钞示意图

持票	左手持人民币,手心向下,左手拇指按住人民币正面的左端中央,食指和中指在人民币背面,与拇指同时捏住人民币,无名指自然卷曲,与小拇指在票正面共同卡紧钞票,食指伸直,拇指向上移动,按住钞票侧面,将钞票压成瓦形,左手将钞票从桌面上擦过,拇指顺势将钞票向上翻成微开的扇形。同时,右手拇指、食指做点钞准备。
清点	用右手拇指尖向下逐张捻动钞券的右上角,食指在钞券背面托住少量钞券配合拇指工作,随着钞券的捻出,食指还要向前移动,以便及时托住另一部分钞券;无名指将捻下来的钞券向怀里弹,每捻下一张弹一次,要注意轻点快弹;中指翘起不要触及票面,以免妨碍无名指的动作。在这一环节中要注意,右手拇指捻钞时,主要负责将钞券捻开,下钞主要靠无名指弹拨。 点钞时注意姿势,身体挺直,眼睛和人民币保持一定距离,两手肘部放在桌面上。 点钞过程中,采用 1、2、3……自然记数法。

② 手持式多指多张点钞法。手持式多指多张点钞法,也称四指四张点钞法。这种方法适用于收款、付款和整点工作,是一种使用广泛、比较适合柜面收付款业务的点钞方法。它的优点是速度快、效率高。由于每指点一张,票面可视幅度较大,看得较为清楚,有利于发现残破券和假币。具体的操作步骤如图 3-3 所示。

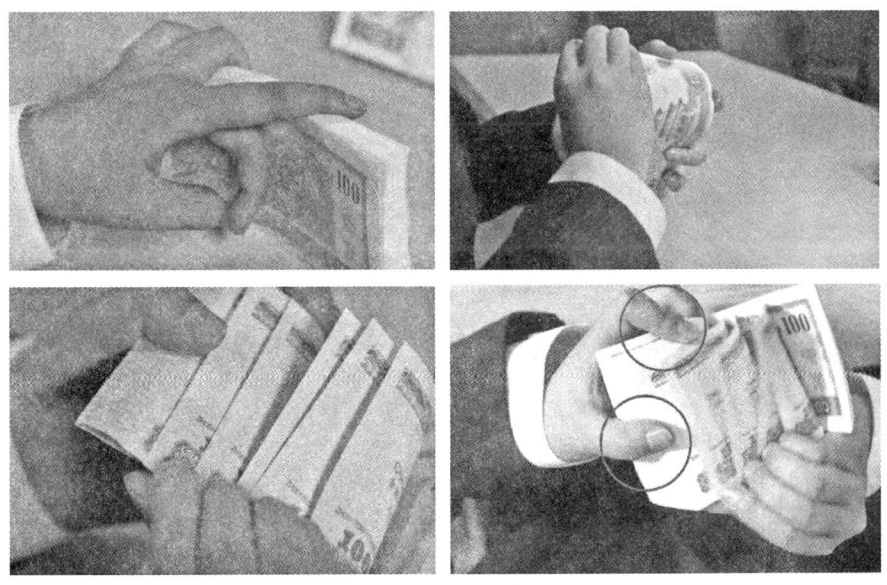

图 3-3　手持式多指多张点钞示意图

持票	钞券横放于台面,左手持钞。手持钞票时,手心朝向胸前,手指向下,中指在票前,食指、无名指、小指在后,将钞券夹紧;以中指为轴心五指自然弯曲,中指第二关节顶住钞券,向外用力,小指、无名指、食指、拇指同时向手心方向用力,将钞券压成"U"形,"U"口朝里。需注意食指和拇指要从右上侧将钞券往里、往下方轻压;手腕向里转动90度,使钞券的凹面向左但略朝里,凸面向右但略朝外;中指和无名指夹住钞券,食指移到钞券外侧面,用指尖按住钞券,以防下滑,大拇指轻轻按住钞券外上侧,既要防钞券下滑又要配合右手清点。最后,左手将钞券移至胸前约20厘米的位置,做好清点准备。
清点	两只手摆放要自然。一般左手持钞略低,右手手腕抬起高于左手。清点时,右手拇指轻轻托住内上角里侧的少量钞券;其余四指自然并拢,弯曲成弓形;食指在上,中指、无名指、小指依次略低,四个指尖呈一条斜线。然后从小指开始,四个指尖依次顺序各捻下1张,四指共捻下4张。 接着以同样的方法清点,循环往复,点完25次即点完100张。用这种方法清点时要注意以下几点: 一是捻钞券时动作要连续,下张时一次一次连续不断,当食指捻下本次最后一张时,小指要紧紧跟上,每次之间不要间歇; 二是捻钞的幅度要小,手指离票面不要过远,四个指头要一起动作,加快往返速度; 三是四个指头与票面接触面要小,应用指尖接触票面进行捻动; 四是右手拇指随着钞券的不断下捻向前移动,托住钞券,但不能离开钞券。 五是在右手捻钞的同时左手要配合动作,每当右手捻下一次钞券,左手拇指就要推动一次,二指同时松开,使捻出的钞券自然下落,再按住未点的钞券,往复动作,使下钞顺畅自如。

方法二:手按式点钞法。

① 手按式单指单张点钞法。手按式单指单张点钞法是一种传统的点钞方法,简单易学,较为常用(见图3-4)。它适用于收付款和清点各种新、旧大小钞券。

 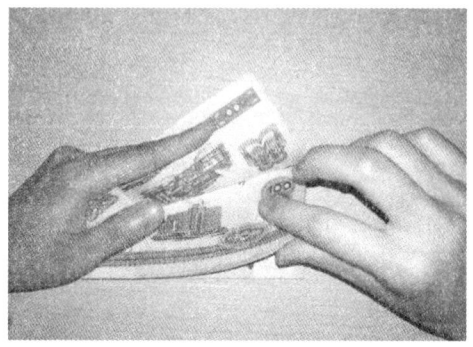

图3-4 手按式单指单张点钞示意图

拆把	将钞券横放在桌面上,一般在点钞员正胸前。左手小指、无名指微弯按住钞券左上角,约占票面1/3,食指指向腰条纸,并将其勾断,拇指、食指和中指微屈,做好点钞准备。
清点	右手拇指托起右下角的部分钞券,用右手食指捻动钞券,其余手指自然弯曲。右手食指每捻起一张,左手拇指便将钞券推送到左手食指与中指间夹住,这样就完成了一次点钞动作,以后依次连续操作。 用这种方法清点时应注意,右手拇指托起的钞券不要太多,否则会捻动困难;也不宜太少,太少会增加拇指活动次数,从而影响清点速度。一般一次以20张左右为宜。

② 手按式三张和四张点钞法(见图3-5)

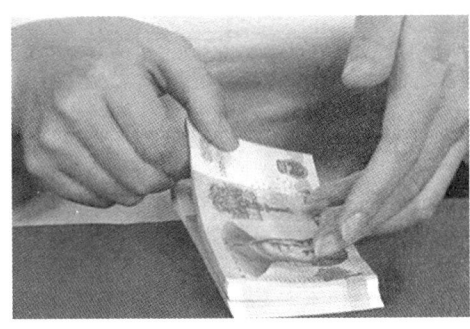

图3-5 手按式多指多张点钞示意图

放票	清点时,把钞券斜放在桌面上,左手的小指、无名指压住钞券左上方约占1/4处。
点数、记数	采用分组记数,三指点钞就是每3张为一组记1个数,数到33组最后剩一张,即为100张;四指点钞就是每4张为一组记1个数,数到25组即为100张。

2. 点钞机使用

点钞机是一种自动清点钞票数目的机电一体化装置,一般带有伪钞识别功能,集计数和辨伪钞票的机器。点钞机的使用步骤为:

打开点钞机,使其处于工作状态,再把钞票理好,码放整齐,开始点钞操作。

为便于分张和下钞流畅,对于压紧的纸币应拍松后再捻开,否则容易下双张或出现"拥塞"现象。对于待清点的钞票,最好捻开成一个前低后高的斜面,平整放入喂钞台,使钞票从上面第一张依次自然下滑,通过捻钞轮进入机器内。

随着点钞机开始工作,握钞手指逐渐松开,切不可往下推挤钞票。喂钞台内的钞票清点完毕后,机器可自动停止。机器运行时,操作人员要认真进行检查,如发现有假钞、破损或其他异物,或者有绵软、霉烂的钞票时,要立即剔除,然后再继续清点。清点过程中若发现假币,机器就会自动停止,蜂鸣器发出"嘟嘟"几声报警信号,或在任意工作状态下指示灯亮,并且闪烁,计数显示窗显示"鉴伪方式显示符",取出假币后按任意键继续清点。操作完毕,要注意检查机器上是否有遗漏钞票。

(三)收款收据的填写及盖章实训

出纳在点验所收现金无误后将现金及时放进保险柜中,并根据实际业务开具收款收据作为证明。

收款收据为企业内部自制单据,因而实务中的收款收据在格式、联次上并不完全相同,但要点和内容基本无差,如表3-1所示。

表 3-1

收款收据

201× 年 02 月 03 日

NO.00001

今收到 莱莱贸易有限公司货款

金额(大写) 零拾 零万 柒仟 伍佰 零拾 零元 零角 零分

¥ 7 500.00 √现金 支票 信用卡 其他

收款单位(盖章)

核准　　　会计　　　记账　　　出纳 高梅　　　经手人 李琦

第三联 会计联

收款收据一般为两联或三联,以三联为例,第一联为存根联,由出纳自己留存;第二联为收据联,盖上公章或财务专用章后,交给对方作为收款证明;第三联为会计联,出纳开具后盖上现金收讫章交给会计做账。

收款收据的填写一般包括以下要点:

(1) 日期。使用小写日期填写收款当天的日期。

(2) 付款方:在"今收到"后面的横线处填写付款人或付款单位名称。

(3) 项目:在付款方后面填写收取款项的原因、事由。

(4) 金额:使用大小写填写收款的实际金额。

(5) 结算方式:一般为现金,如果是其他结算方式,则勾选其他选项。

填写完成后,在收据联的收款单位处盖上公章或财务专用章后交给付款方,在会计联盖上现金收讫章交给会计做账。

【实训】

20××年8月1日,出纳高梅收到员工张红以现金形式归还公司借款 8 000 元,请填写收款收据,并分别在第二联和第三联盖章。

表 3-2

收款收据

年　月　日

NO.00001

今收到

金额(大写)　　拾　万　仟　佰　拾　元　角　分

¥　　　　□现金　支票　信用卡　其他

收款单位(盖章)

核准　　　会计　　　记账　　　出纳　　　经手人

第一联 存根联

表3-3

收款收据

年　月　日　　　　　　　　　　　　　　　　　　NO.00001

今收到_____

金额(大写)　　拾　万　仟　佰　拾　元　角　分

￥_____ □现金　支票　信用卡　其他

收款
单位(盖章)

核准　　　　　会计　　　　　记账　　　　　出纳　　　　　经手人

第二联　收据联

表3-4

收款收据

年　月　日　　　　　　　　　　　　　　　　　　NO.00001

今收到_____

金额(大写)　　拾　万　仟　佰　拾　元　角　分

￥_____ □现金　支票　信用卡　其他

收款
单位(盖章)

第三联　会计联

二、现金付款业务

（一）报销单审核要点

报销业务是指企业在日常经营活动中发生的以报销形式结算的各种业务，如报销差旅费、办公费等。报销业务是出纳日常工作中最常见的业务之一，也是出纳应掌握的最重要的业务之一。

要报销首先要有报销单。报销单为员工报销因工作相关的事项发生款项支出时使用的单据。报销单是企业内部自制的单据，形式比较多样，但报销单上应填写的项目基本类似（见表3-5）。

表 3-5

报 销 单

年　月　日　　　　　　　　　　　　　　　单据及附件共　张

姓名		所属部门		报销形式	
				支票号码	

报销项目	摘要	金额	备注
合　计			

金额大写：　拾　万　仟　佰　拾　元　角　分　　　原借款：　　元　　应退款：　　元
　　　　　　　　　　　　　　　　　　　　　　　　　　　　　　　　　应补款：　　元

总经理：　　　财务经理：　　　部门经理：　　　会计：　　　出纳：　　　领款人：

报销单的填写事项主要包括以下内容：

1. 填报日期。写明填写报销单当天的日期，用小写阿拉伯数字填写即可。
2. 姓名。填写报销人的姓名。
3. 所属部门。填写报销人所在的部门。
4. 报销项目、摘要。写明报销的具体原因，如交通费用、差旅支出、客户招待等。
5. 金额。包括明细金额与合计金额，明细金额按对应项目以小写金额规范填写，合计金额按明细金额的合计金额填写，应包含大小写。
6. 附件。填写报销单上所附发票的张数。

报销人将报销单填写好、将发票粘贴完后，需要请相关的领导在报销单上签字。一般来说，报销单需先通过部门经理审核，再通过财务人员审核，最后通过分管领导审核。

出纳在审核报销单时应注意以下几点：

1. 报销日期。报销日期不能在提交报销单的日期之后，也不能在提交日期之前的太长时间。报销日期不能是未来时间，如17日不能填写为18日，也不能是跨年度的时间；如今年6月，就不能报销去年10月的费用。
2. 报销人。是否写清楚报销人的名字。
3. 所属部门。是否填写报销人所在部门的名称。
4. 报销项目、摘要。是否写清报销的原因，如购买办公用品、出差、招待客户等。
5. 金额。是否写清楚要报销的金额，报销的金额不得超过附件的汇总金额，不得超过公司规定的报销标准。
6. 附件。附件张数与填写的是否一致，附件是否真实合法，附件日期是否合理，合计金额是否不小于报销单上的报销金额。（附件指的是报销单后附的业务发票或证明，如购买办公用品应有商品销售发票，业务招待应有餐饮发票等。）
7. 审批签字。报销业务是否经过了相关领导的批准，一般至少要有部门经理和财务经理（或其授权的会计）的签字。

出纳审核无误后，让报销人在报销单的"报销人"或"领款人"处签字，再将款项付给报销人后,盖现金付讫章,以防止重复支付。

(二)报销单付款审核实训

【实训】

背景资料——根据××公司财务制度,1 000元(含1 000元)以下,由主管部门经理签字之后交给财务经理复核、审批。金额在1 000元以上,由主管部门经理签字之后交给财务经理复核后再由总经理审批。

1. 该公司销售部张红报销业务招待费1 500元,请判断报销单填写是否正确。

表3-6

报 销 单

201×年06月10日　　　　　　　　　　　　　　　　单据及附件共 2 张

姓名	张红	所属部门	销售部	报销形式	现金		
				支票号码			
报销项目		摘要		金额		备注	
业务招待费		餐饮费		1 500.00			
合　计				1 500.00			
金额大写:零拾 零万 壹仟 伍佰 零拾 零元 零角 零分				原借款: 元		应退款: 元 应补款: 元	

总经理:　　　财务经理:刘梁　　　部门经理:赵佳　　　会计:王宁　　　出纳:　　　领款人:

附件单据如下:

表3-7

2. 该公司行政部李雪报销办公用品费 3 000 元,请判断报销单填写是否正确。

表 3-8

报 销 单

201×年 06 月 10 日　　　　　　　　　　　　　　单据及附件共 1 张

姓名	李雪	所属部门	行政部	报销形式	现金
				支票号码	
报销项目		摘要		金额	备注
办公费		采购办公用品费用		3 000.00	
合　计				3 000.00	
金额大写：零拾 零万 叁仟 零佰 零拾 零元 零角 零分				原借款：　　元	应退款：　　元 应补款：　　元

总经理：　　财务经理：刘梁　　部门经理：赵佳　　会计：王宁　　出纳：　　领款人：

附件单据如下：

表 3-9

(三) 员工借款单审核要点

员工借款一般要填写借款单,借款单是企业内部自制的单据,格式比较灵活,一般为一式一联,如表 3-10 所示。

表 3‑10

借 款 单
年 月 日

借款部门		姓名		事由	
借款金额(大写)	万 仟 佰 拾 元 角 分 ￥_____					
领导审批		财务审批		部门审批		出纳付款	
借款人			备注		

员工借款时,一般由借款人填写借款单,并按企业规定办理相关的审核审批手续,然后交由出纳付款。借款人必须把借款单的要素填写完整并办好审批手续,然后将借款单提交给出纳付款。出纳需在对借款单进行审核之后予以付款。

出纳人员审核借款单主要包括以下几个方面:

1. 借款日期:是否写明借款当天的日期。
2. 借款部门:是否写明借款人所在部门的名称。
3. 姓名:是否填写借款人的姓名。
4. 借款的事由:是否填写清楚借款的原因,如出差预支费用等。
5. 借款的金额:是否填写清楚借款的金额,金额大小写是否一致。
6. 审批签字:借款单是否经过了相关领导的批准,是否符合报销审批流程。

审核无误后,出纳要让借款人在借款单下的"借款人"处签字,并将借款的金额付给借款人,付款时要唱付。同时,出纳要在"出纳付款"处签字。最后,出纳应在付完款的借款单上盖上现金付讫章,说明该业务已办理完毕,以防止重复支付。

(四)员工借款付款审核实训

【实训】

人事部刘云因参加出差培训借款 2 000 元,填列下列借款单,请判断其填写是否正确。

表 3‑11

借 款 单
201× 年 09 月 16 日

借款部门	人事部	姓名	刘云	事由	出差培训
借款金额(大写)	零万 贰仟 零佰 零拾 零元 零角 零分 ￥2 000.00					
领导审批	中国	财务审批	刘梁	部门审批	李佳	出纳付款	
借款人			备注		

三、现金存取业务

（一）库存现金限额管理制度

库存现金限额，是指为保证各单位日常零星支付按规定允许留存现金的最高数额。企业应在满足正常合理的日常开支需要的前提下，减少现金的库存数额，这样既有利于国家集聚资金用于经济建设，又可以防止单位发生失窃造成不必要的损失。同时还可以减少国家现金总投量，有利于国家对现金流通的控制与调节，促使市场物价的稳定。因此，出纳人员必须严格将库存现金控制在核定的限额内。

凡在银行开户的独立核算单位都要核定库存现金限额；独立核算的附属单位，由于没有在银行开户，但需要保留现金，也要核定库存现金限额，其限额可包括在其上级单位库存限额内；商业企业的零售门市部需要保留找零备用金，其限额可根据业务经营需要核定，但不包括在单位库存现金限额之内。

库存现金限额的计算方式一般是：库存现金＝前一个月的平均每天支付的数额（不含每月平均工资数额）×限定天数。库存现金限额的核定管理为了保证现金的安全规范，同时又能保证开户单位的现金正常使用，按照《现金管理暂行条例》及实施细则规定，库存现金限额由开户银行和开户单位根据具体情况商定，凡在银行开户的单位，银行根据实际需要，核定3～5天的日常零星开支数额作为该单位的库存现金限额。边远地区和交通不便地区的开户单位，其库存现金限额的核定天数可以适当放宽在5天以上，但最多不得超过15天的日常零星开支的需要量。

（二）现金存取款凭证填写实训

1. 现金存款凭证填写——现金缴款单

现金缴款单为一式三联或一式二联，第一联为回单，由银行盖章后退回存款单位；第二联为收入凭证，由收款人开户银行作凭证；第三联为附联，作附件，是银行出纳留底联。

表 3-12

中国工商银行（　　）现金缴款单

科目：　　　　　　　　　　　201×年01月23日　　　　　　　对方科目：

收款单位	全称	宏安贸易有限公司						款项来源		零售款					
	账号	128-99524						缴款部门							

人民币（大写）	叁仟伍佰陆拾捌元整							千	百	十	万	千	百	十	元	角	分
												¥	3	5	6	8	0	0

券别	张数	十万	千	百	十	元	角	分	券别	张(枚)数	千	百	十	元	角	分
壹百元	31		3	1	0	0	0		伍角	2				1	0	0
伍拾元	5			2	5	0	0		贰角							
贰拾元	6			1	2	0	0		壹角							
壹拾元	6				6	0	0		伍分							
伍元	7				3	5	0		贰分							
贰元									壹分							
壹元	2					2										

【实训】

201×年2月20日,宏安贸易有限公司出纳将收到的现金货款35 115元(面值100元为350张,面值50为2张,面值10元为1张,面值5元为1张),到银行存现,请填写现金存款凭证。

表3-13

中国工商银行( )现金缴款单

科目:				年 月 日								对方科目:			
收款单位	全称						款项来源								
	账号						缴款部门								
人民币(大写)								千	百	十	万	千	百	十	元	角	分
券别	张数	十	万	千	百	十	元	角	分	券别	张(枚)数	千	百	十	元	角	分
壹百元										伍角							
伍拾元										贰角							
贰拾元										壹角							
壹拾元										伍分							
伍元										贰分							
贰元										壹分							
壹元																	

2. 现金取款凭证填写——现金支票

支票是出票人签发的,委托办理支票存款业务的银行在见票时无条件支付确定的金额给收款人或者持票人的票据。支票结算方式仅限于同城或指定票据交换地区使用。支票的出票人是在批准办理支票业务的银行机构开立可以使用支票的存款账户的单位和个人,付款人是出票人的开户银行。支票的有效期为10天。

支票分为现金支票、转账支票和普通支票三种。支票上印有"现金"字样的为现金支票,现金支票只能用于支取现金,不能转账;支票上印有"转账"字样的为转账支票,转账支票只能用于转账,不能支取现金;支票上未有"现金"或"转账"字样的为普通支票,既可以用于支取现金,也可以用于转账。

现金支票正面:

表 3-14

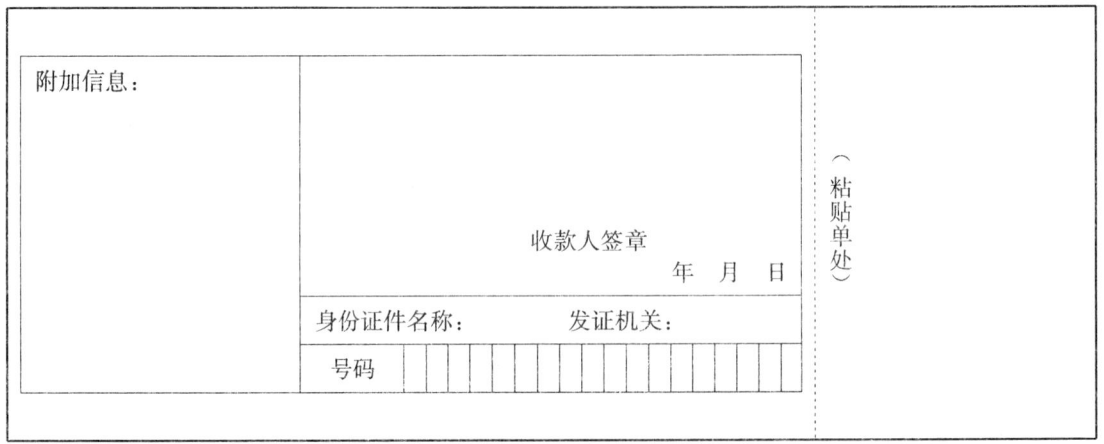

现金支票背面：

表 3-15

关于填写支票，需注意以下方面：
(1) 签发支票要用黑色签字笔填写，要求内容齐全、大小写相符，不准涂改、更改。
(2) 签发支票的金额不得超过付款时在付款人处实有的存款额，禁止签发空头支票。
(3) 出票人不得签发与其预留银行签章不符的支票；使用支付密码的，出票人不得签发支付密码错误的支票。
(4) 出票人签发支票，必须按照签发的支票金额承担保证向该持票人付款的责任。
(5) 签发现金支票和用于支取现金的普通支票，必须符合国家现金管理的规定。
(6) 支票的金额、收款人名称，可以由出票人授权补记。未补记前不得背书转让，或向银行提示付款。支票上未记载付款地的，付款人的营业场所为付款地。支票上未记载出票地的，出票人的营业场所、住所或者经常居住地为出票地。
  出纳员在签发现金支票时，应对签发日期、收款人、人民币大小写金额以及支票号码、支票密码、款项用途等内容逐项认真填写。其中,签发日期应为支票的实际签发日,不得漏填或预填日期。"收款人"处需要写明收款单位或收款人。收款人可以是本单位、外单位、本单位的附属机构或个人。收款人应在支票存根联签名或盖章。"密码"栏应按密码器生成的密码填写。"签发人盖章处"应加盖单位预留银行的印鉴。单位签发现金支票,若提取现金自己使用,只需在支票的"收款人"栏内填本单位的名称,并在现金支票背面加盖预留银行的印鉴,即可到银行提款。若签发现金支票给其他单位或个人,则要在"收款人"栏填写收款人的名称,并要求其在现金支票存根联上签字或盖章。

【实训】

宏安贸易有限公司出纳于201×年2月5日为发放工资,提取现金95 127.00元。请填写现金支票。

表3-16

中国工商银行 现金支票存根 10256420 10354676		中国工商银行 现金支票	10256420 10354676
附加信息	付款期限自出票之日起十天	出票日期(大写) 年 月 日 收款人: 人民币 (大写) 用途_____ 上列款项请从 我账户内支付 出票人签章	付款行名称: 出票人账号: 亿千百十万千百十元角分 密码_____ 行号_____ 复核 记账
出票日期 年 月 日			
收款人:			
金额:			
用途:			
单位主管 会计			

第二节 银行存款业务

一、转账支票业务

(一)转账支票业务要点

实务中,企业在生产经营活动中发生的同城采购业务经常以转账支票来进行结算。转账支票是出纳办理同城结算业务中经常使用的结算方式之一。

转账支票是出票人签发给收款人办理结算或委托开户银行将款项支付给收款人的票据,也是出票人开出的付款通知。

转账支票同现金支票一样,有正面和背面,正面分为左右两部分,左边为存根联,右边为正联,也称支票联。转账支票的背面有两栏,左栏是附加信息,右栏是背书人及被背书人的签章项目。转账支票正面如下:

表 3-17

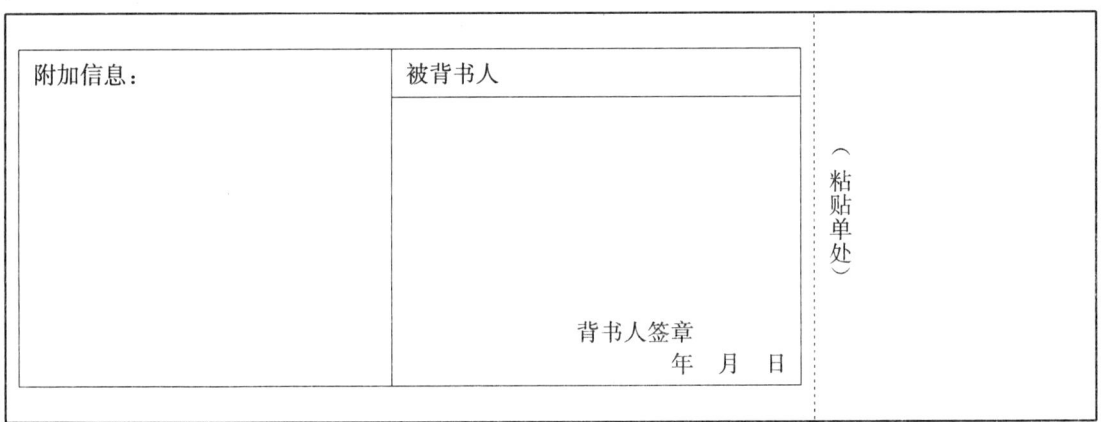

转账支票背面：

表 3-18

开具转账支票的流程如下（见图 3-6）：

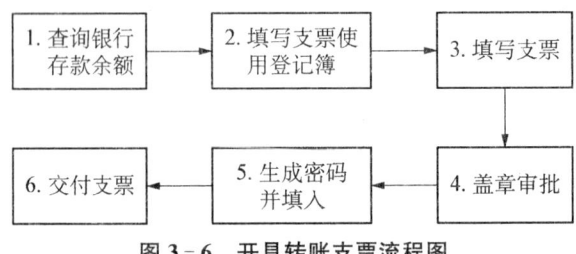

图 3-6　开具转账支票流程图

1. 查询银行存款余额，开具转账支票时必须保证公司银行账户的存款余额不小于支票的金额，防止签发空头支票。

2. 提出申请并登记转账支票使用登记簿，为了加强对支票的管理，领用现金支票或转账支票均需登记在支票使用登记簿上,以便控制每一张支票的领取和使用情况。

3. 填写支票,正联上的日期要使用大写,金额填写应符合要求,收款人应为收款单位全称。存根联上只需要把主要的信息填写清楚即可,如金额日期都用小写,公司名称写简称即可。

4. 盖章审批,填写完转账支票,需要请相关银行预留印鉴的保管人员加盖银行预留印鉴。转账支票正联应盖上公司的银行预留印鉴,印章必须清晰。

5. 生成密码并填入,每次开具转账支票时,需按照支付密码器上的文字提示,输入支票类型、开票日期、金额、账号、票号即可生成密码,出纳要将密码填到转账支票正联区内。

6. 到银行转账或将支票正联交给收款人。出纳可携带开具好的转账支票到银行办理转账,也可以直接将转账支票的正联交给收款人,由收款人自己到银行办理。

(二)转账支票填写

【实训】

宏安贸易有限公司需要支付一笔货款给盘古贸易有限公司20万元,请填写转账支票并盖章。双方开户信息为:宏安贸易有限公司(账号:128-99524,开户行:工商银行永顺南街支行),盘古贸易有限公司(账号:128-93754,开户行:工商银行龙泽支行)。

表3-19

(三)收到转账支票

出纳人员在收到转账支票后,操作如下(见图3-7):

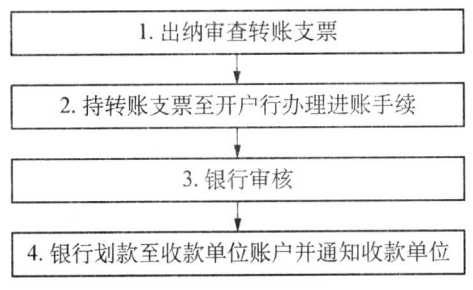

图3-7 收到转账支票处理流程图

1. 对转账支票进行审查,如收款人名称是否为本单位全称,金额日期书写是否正确,大小写是否一致,签章是否清晰,日期是否在 10 天有效期内等,审查无误后,在转账支票背书栏加盖公司的预留印鉴,在"背书人签章"栏内填写"委托收款"字样和日期,并在"被背书人"栏填明开户银行;

2. 出纳拿着签好的转账支票到自己的开户行办理进账手续;

3. 银行审核无误后,受理该项业务;

4. 银行收到支票款项,并将该款项转到收款单位账户,同时将加盖收款印章的入账通知交给收款单位。

二、银行汇票业务

(一)银行汇票结算要点

银行汇票是汇款人将款项交存当地银行,由银行签发给汇款人,汇款人持票办理转账或现金支取业务。银行汇票适用于单位、个体经营户及个人之间各种款项的支付。在实务中,银行汇票基本上用于异地结算。

银行汇票图样如表 3-20 所示。

表 3-20

付款期限 壹 个 月	中国工商银行(卡片) 银行汇票		
出票日期 (大写)	代理付款行:	行号:	
收款人:	账号:		
出票金额	人民币 (大写)		
实际结算金额	人民币 (大写)	千 百 十 万 千 百 十 元 角 分	
申请人: 出票行:_____ 行号:_____ 备注:_____	账号: 复核 记账		
复核 经办			

此联出票行结算清汇票时作汇出汇款借方凭证

银行汇票要素:

1. 收款人姓名或单位;

2. 汇款人姓名或单位;

3. 签发日期(发票日);

4. 汇款金额、实际结算金额、多余金额;

5. 汇款用途;

6. 兑付地、兑付行、行号；
7. 汇款日期。

（二）银行汇票付款

企业或个人使用银行汇票进行付款结算的流程如下（见图3-8）：

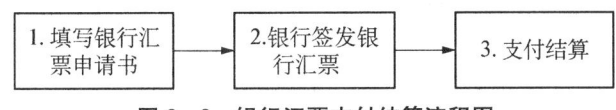

图3-8 银行汇票支付结算流程图

1. 申请银行汇票。填写银行汇票申请书，填写内容包括申请日期、业务类型、申请人及收款人名称、账号、开户行、金额、大小写、附加信息及用途，并加盖银行预留印鉴。

2. 签发银行汇票，申请人带上银行汇票申请书去银行柜台办理，柜台人员收到银行申请书时，审核申请书上的信息无误后，将从申请人账户直接划扣汇票款，并按申请书上的内容据以签发银行汇票。

申请人拿到银行签发的银行汇票，首先，要审核银行汇票上的信息内容，审核无误后在银行汇票的卡片联加盖申请人的银行预留印鉴；其次，柜台人员在银行汇票正联上加盖银行专用章及私章。

3. 支付结算。

【实训】

出纳向银行申请银行汇票，请填写结算业务申请书。

表3-21

汇票申请书

中信银行

申请日期　年　月　日

申请人			收款人											
账号或住址			账号或住址											
用途			代理付款行											
汇票金额	人民币（大写）			亿	千	百	十	万	千	百	十	元	角	分
备注		科　目_____ 对方科目_____ 票证安全码												

（三）收到银行汇票

企业或单位收到银行汇票时，出纳要先审核银行汇票收款人、印章、付款期限等各项内容是否符合规定。审核完毕后，可以直接办理进账或背书转让。

1. 直接办理进账

出纳收到付款人开出的银行汇票正联、解讫通知联，持票去银行办理进账前，需在银行汇票正联背面的"持票人向银行提示付款签章"处加盖银行预留印鉴,去银行办理时则根据银行汇票上面的信息交给代理付款行办理进账。

2. 背书转让

收到银行汇票后,企业也可将其背书转让给其他单位或个人。

背书转让时,转让单位在银行汇票正联背面的"被背书人处"填写被背书人的名称,并在"背书人签章"的方框内加盖背书人的银行预留印鉴,然后将银行汇票正联和解讫通知联交给被背书人即可。

三、商业汇票业务

(一)商业汇票结算要点

商业汇票是出票人签发的,委托付款人在指定日期无条件支付确定的金额给收款人或者持票人的票据。商业汇票的付款期限由交易双方共同商定,但最长不得超过6个月。商业汇票适用于在银行开立存款账户的法人及其他组织之间,且必须具有真实的交易关系或债权债务关系,才能使用商业汇票,同城和异地结算均可使用。与银行汇票相比,商业汇票的适用范围相对较窄,各企业、事业单位之间只有根据购销合同进行合同的商品交易,才能签发商业汇票。除商品交易以外,其他方面的结算,如劳务报酬、债务清偿、资金借贷等不可采用商业汇票结算方式。

商业汇票按承兑人的不同分为银行承兑汇票和商业承兑汇票。

1. 银行承兑汇票

银行承兑汇票是由在承兑银行开立存款账户的存款人出票,向开户银行申请并经银行审查同意承兑的,保证在指定日期无条件支付确定的金额给收款人或持票人的票据。银行承兑汇票一式三联,第一联为承兑行留存备查,到期支付票款时作为借方凭证附件;第二联为收款人开户行与托收凭证一起寄给付款行作为借方凭证附件;第三联由出票人存查。

表 3-22

银行承兑汇票(卡片) 1

出票日期(大写)	年 月 日		
出票人全称		收款人 全称	
出票人账号		账号	
付款行名称		开户银行	
出票金额		亿 千 百 十 万 千 百 十 元 角 分	
汇款到期日(大写)		付款行 行号	
承兑协议编号		地址	
本汇票请你行承兑,上项汇票款我单位按承兑协议于到期前足额交存你行,到期请予以支付。 出票人签章		密押	
		备注:	复核 记账

此联承兑行留存备查 到期支付票款时作借方凭证附件

表 3－23

银行承兑汇票 2

出票日期　　年　月　日
（大写）

出票人全称		收款人	全称	
出票人账号			账号	
付款行名称			开户银行	

出票金额		亿 千 百 十 万 千 百 十 元 角 分

汇款到期日（大写）		付款行	行号	
承兑协议编号			地址	

本汇票请你行承兑，到期无条件付款。 　　　　　　　出票人签章	本汇票已经承兑，到期日由本行付款。 　　承兑行签章 　　承兑日期　　年　月　日 备注：

此联收款人开户行随托收凭证寄付款行作凭证附件

表 3－24

银行承兑汇票（存根） 3

出票日期　　年　月　日
（大写）

出票人全称		收款人	全称	
出票人账号			账号	
付款行名称			开户银行	

出票金额		亿 千 百 十 万 千 百 十 元 角 分

汇款到期日（大写）		付款行	行号	
承兑协议编号			地址	

	备注：　　　　　　　复核：　　经办：

此联由出票人存查

表 3-25

被背书人	被背书人	被背书人	（粘贴单处）
背书人签章 年 月 日	背书人签章 年 月 日	背书人签章 年 月 日	

银行承兑汇票的主要要素包括：出票日期、出票人信息、收款人信息、出票金额、汇票到期日、承兑协议编号、付款行的信息等。

银行承兑汇票承兑期限最长不得超过 6 个月，同城、异地结算均可使用。

2. 商业承兑汇票

商业承兑汇票是指由收款人签发，经付款人承兑，或由付款人签发并承兑的商业汇票。商业承兑汇票一般一式三联：第一联为卡片，由承兑人（付款单位）留存；第二联为商业承兑汇票，由收款人开户银行随结算凭证寄付款人开户银行作付出传票附件；第三联为存根联，由签发人存查。

付款单位签发了商业承兑汇票以后，应据汇票第一联进行登记，在汇票到期日前备足票款，交存开户银行。待到汇票到期，付款人收到开户银行转来的托收凭证及所附商业承兑汇票，经与商业承兑汇票第一联核对无误后，应于当日通知银行付款。付款人在接到付款通知的次日起 3 日内（遇到法定节假日顺延）未通知银行付款的，视同付款人同意付款，银行应于付款人接到通知之日起第 4 日将款项划给持票人。

表 3-26

商业承兑汇票（卡片） 1

出票日期（大写）　年　月　日

出票人全称		收款人	全称	
出票人账号			账号	
付款行名称			开户银行	
出票金额				亿 千 百 十 万 千 百 十 元 角 分
汇款到期日（大写）		付款行	行号	
交易合同号码			地址	
		备注：		
出票人签章				

此联承兑人留存

表 3–27

商业承兑汇票 2

出票日期　　年　月　日
（大写）

出票人全称		收款人	全称		此联收款人开户行随结算凭证寄付款行作传票凭证附件
出票人账号			账号		
付款行名称			开户银行		

出票金额		亿	千	百	十	万	千	百	十	元	角	分

汇款到期日（大写）		付款行	行号	
交易合同号码			地址	

本汇票已经承兑，到期无条件支付票款。	本汇票请予以承兑，于到期日付款。
承兑人签章　　承兑日期　年　月　日	出票人签章

表 3–28

商业承兑汇票（存根） 3

出票日期　　年　月　日
（大写）

出票人全称		收款人	全称		此联由签发人存查
出票人账号			账号		
付款行名称			开户银行		

出票金额		亿	千	百	十	万	千	百	十	元	角	分

汇款到期日（大写）		付款行	行号	
交易合同号码			地址	

备注：

（二）商业汇票付款
1. 银行承兑汇票
企业使用银行承兑汇票付款，一般需要5个步骤（见图3-9）：

```
1.承兑申请 → 2.转存保证金 → 3.票据签发
                                    ↓
            5.兑付票款 ← 4.支付货款
```

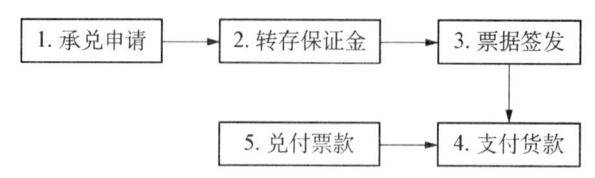

图3-9　银行承兑汇票支付结算流程图

（1）承兑申请：申请银行承兑汇票时，出纳要先向开户银行提出申请，并提供相应的申请资料，然后到各银行指定的分行营业部办理。

（2）转存保证金：企业提出承兑申请，经银行审核完成之后，出纳应向银行指定账户存入保证金或办理担保。企业转存保证金时，需要填写转账支票，并加盖银行预留印鉴。企业转存保证金，填写转账支票时，其收款人为本企业。

（3）票据签发：银行承兑汇票的相关手续办理完后，银行就可以签发银行承兑汇票了。

（4）支付货款：出纳将填写完整并加盖相关银行预留印鉴后的银行承兑汇票交还给银行，银行在第二联盖章后退给出纳，出纳就可以将银行承兑汇票用于结算。

（5）兑付票款：银行承兑汇票交给收款方后，出纳应在票据到期前将足额的票款存入付款账号。银行承兑汇票到期后，出纳会收到银行的付款通知。出纳应核对付款通知与银行承兑汇票的金额、日期等信息，确认无误。

2. 商业承兑汇票
商业承兑汇票在由付款单位作为承兑人时，程序如下（见图3-10）：

```
1.付款人签发承兑并交付 → 2.收款单位委托开户行收款 → 3.收款单位开户行委托付款单位开户行付款
                                                        ↓
6.付款单位开户行划款至收款单位开户行 ← 5.付款单位付款 ← 4.付款单位开户行通知付款单位付款
        ↓
7.收款单位开户行划款至收款单位账户并通知收款单位
```

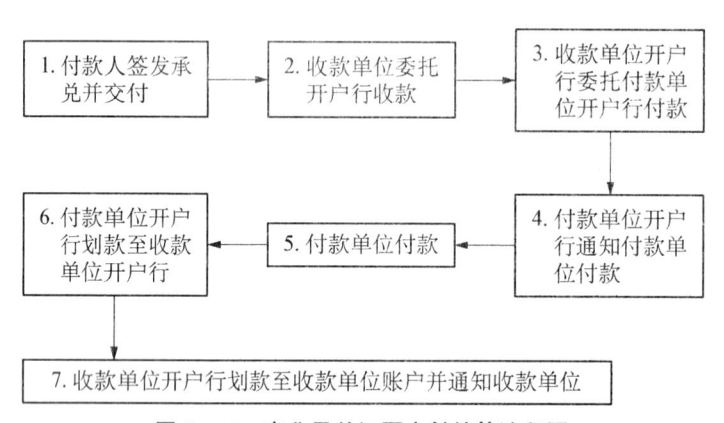

图3-10　商业承兑汇票支付结算流程图

（1）付款人签发并承兑商业承兑汇票后，把它交给收款单位；

（2）收款单位在汇票到期时委托其开户行收取货款；

（3）收款单位的开户行通过联行往来把托收凭证传递给付款单位开户行，委托其向付款单位收款；

（4）付款单位开户行把托收凭证和商业承兑汇票的第二联转给付款单位，通知其付款；

（5）付款单位付款；

(6) 付款单位的开户行把付款单位支付的款项划转给收款单位的开户行;

(7) 收款单位的开户行收取货款后,直接把它存入收款单位的银行存款账户内,同时,通知收款单位,款项已收妥入账。

(三) 商业汇票收款

出纳收到商业汇票之后可以选择:

1. 到期托收:待商业汇票到期之后办理托收票款。
2. 背书转让:在商业汇票未到期之前办理背书转让。
3. 办理贴现:若企业在汇票到期之日前发现资金紧缺,可以到银行办理贴现。即向银行支付一定的利息或费用,提前取得汇票票款。

如选择到期收款,出纳要先在银行承兑汇票背面的"背书人签章"处加盖银行预留印鉴,并注明是委托收款。之后填制一式五联的托收凭证,托收凭证的主要内容包括委托日期、业务类型、付款人与收款人信息、金额、托收凭据名称、附寄单证张数。

【实训】

出纳收到如下银行承兑汇票,现已到期,请在背面进行相关盖章处理及填制托收凭证,委托银行收款。

表 3-29

银行承兑汇票 2

出票日期（大写）　贰零壹×年　零柒月　零伍日

出票人全称	天马公司	收款人	全称	宏安贸易有限公司
出票人账号	266-8652		账号	359-8542
付款行名称	工行迎泽支行		开户银行	工行杏花岭支行

出票金额	贰拾捌万元整	亿 千 百 十 万 千 百 十 元 角 分
		¥ 2 8 0 0 0 0 0 0

汇款到期日（大写）	贰零壹×年零壹拾月零伍日	付款行	行号	
承兑协议编号			地址	

本汇票请你行承兑,到期无条件付款。 出票人签章	本汇票已经承兑,到期日由本行付款。 承兑行签章 承兑日期　年　月　日 备注:	

表 3-30

被背书人	被背书人	被背书人	（粘贴单处）
背书人签章 年 月 日	背书人签章 年 月 日	背书人签章 年 月 日	

表 3-31

托收凭证

委托日期　年　月　日

业务类型	委托收款(□邮划、□电划)　托收承付(□邮划、□电划)														
付款人	全称		收款人	全称												
	账号			账号												
	地址	省 市/县 开户行		地址	省 市/县 开户行											
金额	人民币（大写）		亿	千	百	十	万	千	百	十	元	角	分			
款项内容		托收凭证名称		附寄单证张数											
商品发运情况				合同名称号码											
备注： 　　复核　　记账			年 月 日	收款人开户银行签章 年 月 日

（四）商业汇票贴现

企业收到商业汇票，如果汇票的到期日还没到，但企业又急于用资金，此时企业也可以去银行办理贴现，以企业未到期的票据向银行融通资金，银行按票据的应收金额扣除一定期间的利息后的余额付给企业。持票人向银行办理贴现应具备以下条件：在银行开立存款账户的企业法人及其他组织；与出票人或者直接前手之间具有真实的商品交易关系；提供与其直接前手之间的增值税发票和商品发运单据复印件。

办理贴现需要填写贴现凭证，并在相应的位置加盖银行预留印鉴。

贴现凭证是一式五联，第一联银行作贴现借方凭证；第二联为贷方凭证，银行作持票人账户贷方凭证；第三联为贷方凭证，银行作贴现利息贷方凭证；第四联为收账通知，银行给持票人的收账通知；第五联为到期卡，交会计部门按到期日进行排列保管，并在到期日作为贴现收入凭证。

表 3-32

贴现凭证

填写日期　年　月　日

贴现汇票	种类		号码		申请人	名　称	
	出票日	年　月　日				账　号	
	到期日	年　月　日				开户银行	

汇票承兑人	名称		账号		开户银行	

汇票金额 (即贴现金额)	人民币 (大写)		千	百	十	万	千	百	十	元	角	分

贴现率 每万	‰	贴现利息	千	百	十	万	千	百	十	元	角	分	实付贴 现金额										

兹根据《银行结算办法》的规定,附送承兑汇票申请贴现,请审核。 此致 　　　　(贴现银行) 　　　　申请人盖章	银行审批	负责人　　信贷员	科目(借)_____ 对方科目(贷)_____ 复核　　　记账

贴现利息＝票面金额×贴现天数×(月贴现率/30天)。贴现天数即从贴现日至到期日的时间间隔。

填制完贴现凭证后,再将汇票转让给银行。经银行审查无误后,把贴现的金额直接转到公司的账户上,并将回单联交给出纳作为款项到账的证明。

【实训】

出纳收到如下银行承兑汇票,于201×年9月5日向银行申请贴现,请填写贴现凭证,贴现息为60‰。

表 3-33

银行承兑汇票　2

出票日期
(大写)　贰零壹×年　零柒月　零伍日

出票人全称	天马公司	收款人	全称	宏安贸易有限公司
出票人账号	266-8652		账号	359-8542
付款行名称	工行迎泽支行		开户银行	工行杏花岭支行

出票金额	贰拾捌万元整		亿	千	百	十	万	千	百	十	元	角	分
				¥	2	8	0	0	0	0	0	0

汇款到期日 (大写)	贰零壹×年零壹拾月零伍日	付款行	行号	
承兑协议编号			地址	

本汇票请你行承兑,到期无条件付款。 出票人签章	本汇票已经承兑,到期日由本行付款。 承兑行签章 承兑日期　年　月　日 备注:

表 3-34

贴现凭证

填写日期　年　月　日

贴现汇票	种类		号码		申请人	名称	
	出票日	年　月　日				账号	
	到期日	年　月　日				开户银行	

汇票承兑人	名称		账号		开户银行	

汇票金额(即贴现金额)	人民币(大写)	千	百	十	万	千	百	十	元	角	分

贴现率每万	‰	贴现利息	千	百	十	万	千	百	十	元	角	分	实付贴现金额	

兹根据《银行结算办法》的规定，附送承兑汇票申请贴现，请审核。 此致 ＿＿＿＿（贴现银行） 申请人盖章	银行审批	负责人　　信贷员	科目(借)＿＿＿＿ 对方科目(贷)＿＿＿＿ 复核　　　记账

（五）商业汇票背书

商业汇票不仅可以等到期后委托银行收款，也可以在票据还没到期时背书转让。背书可以分为两种情况：首次背书和多次背书。

首次背书：出纳在银行承兑汇票背面的"被背书人"处填写对方单位名称。在"背书人"处需加盖银行预留印鉴，再写上背书日期。

多次背书：如果本公司是被背书人，也可将其再背书。银行承兑汇票的背书一定要连续，要满足斜线一致的原则，即后一个背书人要与前一个被背书人相一致。若由于多次背书导致银行承兑汇票背面的背书人签章处位置不够，可使用粘贴单进行背书。出纳除了在粘贴单上盖上银行预留印鉴外，还要在粘贴单的骑缝处即粘贴的缝隙处盖章。

如：宏安贸易有限公司将收到的一张商业汇票背书给大也实业有限公司。

表 3-35

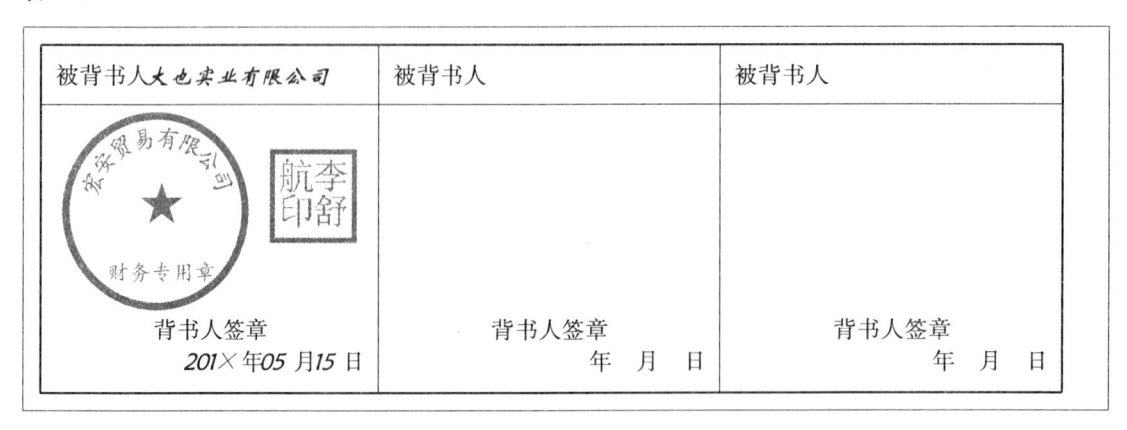

被背书人 大也实业有限公司 （宏安贸易有限公司财务专用章）（李舒航印） 背书人签章 201×年05月15日	被背书人 背书人签章 　年　月　日	被背书人 背书人签章 　年　月　日

【实训】

大也实业有限公司将宏安贸易有限公司背书给自己的承兑汇票,于201×年6月1日背书给"福贸机械有限公司",请完成承兑汇票背面的操作。

表3-36

被背书人 大也实业有限公司	被背书人	被背书人
(宏安贸易有限公司财务专用章) (航李印舒) 背书人签章 201×年05月15日	背书人签章 年 月 日	背书人签章 年 月 日

四、银行本票业务

（一）银行本票结算要点

银行本票是由本票申请人将票款存入银行,由银行签发给申请人用于支付结算,并保证在签发后2个月内见到本票无条件支付票款的商业票据。银行本票适用于单位、个体经营户和个人在同城范围内的商品交易、劳务供应以及其他款项间的结算。

银行本票可以用于转账,注明"现金"字样的银行本票可以用于支取现金。

表3-37

付款期限 贰个月	中国建设银行 本　票		
	出票日期（大写）　　年　月　日		
收款人：		申请人：	
凭票即付	人民币（大写）		
转账	现金		
备注：			
	出票行签章	出纳　　复核	

此联出票行结算本票时作借方凭证

表 3-38

被背书人	被背书人	（粘贴单处）
背书人签章 年　月　日	背书人签章 年　月　日	
持票人向银行 提示付款签章：	身份证件名称：　　发证机关： 号码	

（二）银行本票付款

企业在使用银行本票支付货款时,需先向银行申请才可以使用。出纳拿到银行本票的正联,经审核无误后,可以将银行本票交给供应商用来支付货款,也可以交给采购人员,用于采购材料。

（三）银行本票收款

出纳收到银行本票,审核无误后,就可以到银行提示付款、办理收款,也可以直接背书转让给他人。

出纳向银行提示付款,需在银行本票背面的"持票人向银行提示付款签章"处或其他指定地方加盖银行预留印鉴。出纳加盖银行预留印鉴之后,去银行办理进账手续。

五、电汇业务

（一）电汇结算要点

企业日常支付异地款项,最常用的是电汇方式。电汇是汇兑结算方式的一种,是指汇款人将一定款项交存汇款银行,汇款银行通过电报或电传给目的地的分行或代理行（汇入行）,指示向收款人支付一定款项的一种汇款方式。

不同的银行有不同的电汇凭证样式。

电汇凭证的要素：

1. 日期：小写。
2. 业务类型：选择需要办理的业务类型,如办理电汇业务,则勾选"电汇"。
3. 付款人（即申请人）：付款单位的开户行信息。
4. 收款人：收款单位的开户行信息。
5. 金额：大写与小写金额。
6. 电汇方式：在办理电汇业务时,可以选择普通或加急。
7. 附加信息及用途：可填可不填。

（二）电汇付款

企业使用电汇支付货款的流程如下（见图 3-11）：

```
1.查询银行          2.填写电汇         3.审核盖章
  存款余额            凭证

  5.银行办理        4.生成密码
    并取回单          并填入
```

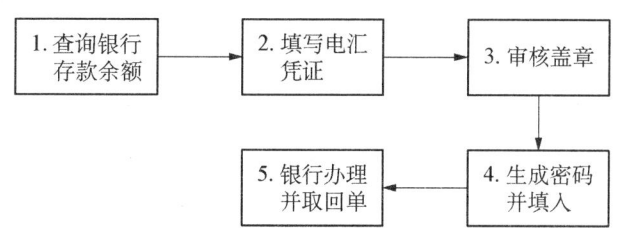

图 3-11　电汇支付结算流程图

1. 查询银行存款余额。在办理电汇业务前,先要查询银行存款余额是否足够支付,如果银行存款余额不足,银行将不予受理。为了保证电汇业务高效、顺利地完成,应先查询银行存款余额。

2. 填写电汇凭证。电汇凭证如果填错了,只需直接撕毁丢弃,然后重新填写一份即可。一般情况下,电汇凭证只能填写电汇当天的日期,如果出纳将日期提前写好,很多银行将不予受理。

3. 审核盖章。出纳填写完电汇凭证后,应交给相关的人员并加盖银行预留印鉴。

4. 生成并填写密码。

5. 银行办理并取回单。出纳将电汇的办理手续准备完毕后,就可以带上电汇凭证去银行办理了。银行柜员收到电汇凭证后,会在电汇凭证上盖章。银行柜员受理完该业务后,会将加盖银行章的结算业务申请书第三联(付款行给付款人的回单)退还给出纳,付款行将款汇到收款人银行后,收款人银行会给收款人开具一份收账通知。

【实训】

出纳以普通电汇形式支付给天开贸易有限公司一笔货款 40 万元,请填写电汇凭证。

表 3-39

中国工商银行　电汇凭证　（汇款依据）

□普通　□加急　　　委托日期　　年　月　日

汇款人	全称		收款人	全称	
	账号			账号	
	汇出地点	省　　市/县		汇入地点	省　　市/县
汇出行名称			汇入行名称		
金额	人民币（大写）		亿 千 百 十 万 千 百 十 元 角 分

支付密码

附加信息及用途:

复核　　　记账

第三节 其他业务

一、现金和银行存款清查

（一）库存现金清查

每月月末，出纳至少要对库存现金进行一次盘点。盘点库存现金证实账实是否相符。盘点时，一般由出纳盘点，会计和财务经理监盘，并填写库存现金盘点表。

库存现金盘点表包含的要素主要包括：

1. 表头信息：按照实际情况填写。
2. 部门：一般为财务部门。
3. 会计期间：月末盘点当月的期间。
4. 现金账面余额：现金日记账当月最后一笔业务的余额。
5. 收入凭证未记账：收到现金的凭证，但盘点时还未登记现金日记账，或已经盘点过后才收到凭证，还没来得及登记现金日记账。
6. 付款凭证未记账：付出现金和收到付款凭证，但盘点还未登记现金日记账，或已经盘点过后才收到付款凭证，还没来得及登记现金日记账。
7. 调整后的现金余额：现金账面余额＋收入凭证未记账－付款凭证未记账。
8. 实点现金：保险柜实存、清点后的现金。
9. 说明：注明账实是否相符。

【实训】

201×年7月31日，现金日记账显示余额为4 700元，出纳盘点现金为3 200元，另外，保险柜发现下列凭证已经收付款但尚未填制凭证入账：

1. 零星收入900元尚未入账；
2. 职工李伟借款条一张，金额为2 400元，已经批准，用途为借支差旅费。

请根据以上资料填写库存现金盘点表。

表3－40

库存现金盘点表

单位名称： 日期：

部门		
会计期间		
项目	行次	人民币
现金账面余额（盘点日）	1	
加：收入凭证未记账	2	
减：付出凭证未记账	3	
调整后现金余额	4	
实点现金	5	
说明：		

会计主管签章： 出纳员签章：

(二) 银行存款清查

1. 银行存款余额调节表编制的目的

银行存款的清查是通过与开户银行转来的对账单进行核对来查明银行存款的实有数额。银行存款日记账与开户银行转来的对账单不一致的原因有两个方面：一是双方或一方记账有错误，二是存在未达账项。未达账项是指企业与银行之间一方已经入账，另一方因未收到有关凭证而未入账的款项。对于未达账项，应通过编制银行存款余额调节表进行调整。

2. 未达账项的种类

未达账项主要有以下四种情况：

(1) 企业已经收款入账，而银行尚未收款入账；
(2) 企业已经付款入账，而银行尚未付款入账；
(3) 银行已经收款入账，而企业尚未收款入账；
(4) 银行已经付款入账，而企业尚未付款入账。

3. 银行存款余额调节表的编制

为了消除未达账项对企业和银行双方存款余额的影响，企业应编制"银行存款余额调节表"进行调节。调节的基本方法是将"未达账项"看作"已达账项"，即在双方余额的基础上，加上应收入的"未达账项"，减去应付的"未达账项"，结出余额。如调节后双方余额相等，一般说明没有差错。

示例：某工业企业201×年3月，银行存款日记账20日至月末所记的经济业务如下：

(1) 20日开支票(09862)，用以支付材料的货款15 000元。
(2) 21日存入销货款转账支票20 000元。
(3) 24日开出支票(09863)，支付材料运杂费500元。
(4) 26日开出支票(09864)，支付下季度的房租3 000元。
(5) 27日收到销货款转账支票10 000元。
(6) 30日开出支票(09865)支付日常零星费用200元。
(7) 31日银行存款日记账余额36 820元。

银行对账单所列20日至月末的经济业务如下：

(1) 20日结算银行存款利息800元。
(2) 22日收到企业开出支票(09862)，金额为15 000元。
(3) 24日收到销售转账支票20 000元。
(4) 26日银行为企业代付水电费1 320元。
(5) 27日收到企业开出支票(09863)，金额为500元。
(6) 30日代收外地企业汇来货款20 000元。
(7) 31日银行对账单余额49 500元。

核对企业的银行日记账余额和银行对账单余额，发现余额不一致。因此首先要检查是否有未达账项存在。银行存款日记账和银行对账单对账后，存在三笔未达账项，分别为企业的银行存款日记账(4)(5)(6)和银行存款对账单(1)(4)(6)。调整如下：

调整后银行存款日记账余额 = 36 820 + 800 − 1 320 + 20 000 = 56 300

调整后银行存款对账单余额 = 49 500 − 3 000 + 10 000 − 200 = 56 300

调整后两者的余额相等，说明企业和银行登记账簿都没有错误，调整前余额不等是由于未达账项造成的。

表 3－41

银行存款余额调节表

项目	金额	项目	金额
银行存款日记账余额	36 820	银行对账单余额	49 500
加：银行已收、企业未收款	800＋20 000	加：企业已收、银行未收款	10 000
减：银行已付、企业未付款	1 320	减：企业已付、银行未付款	3 000＋200
调节后余额	56 300	调节后余额	56 300

二、资金报表编制

编制资金报表主要是为了反映一段时期内企业资金的收支、结余情况。及时、准确地编制资金报表，能为管理层经营决策提供依据。

（一）资金报表结构

资金报表应当包括"表头"、横列的"资金来源"、纵列的"收支项目"和"审批栏"。其中，"资金来源"主要包括现金和银行存款项目；收支项目包括上期结余数、本期收入项目、本期支出项目、本期资金结余数。

（二）资金报表编制

资金报表分别记录资金项目的收入、支出和结余情况。计算公式为：

$$本期资金结余 ＝ 上期结余数 ＋ 本期收入合计 － 本期支出合计$$

其中，本期收入合计等于现金、银行存款项目的增加，主要包括收入、支出和余额这3个项目。现金部分体现在现金日记账上，银行部分体现在银行存款日记账上。

资金报表的编制步骤如下：

1. 填列上期结余数：包括库存现金和银行存款的结余数。
2. 根据日记账借方，填列相应收入项目。
3. 根据日记账贷方，填列相应支出项目。
4. 计算、填写资金使用合计。
5. 计算、填写本期资金结余。

【实训】

请根据现金日记账和银行存款日记账编制201×年4月15日的资金报表。

表 3－42

现金日记账

201×年		凭证号	摘要	借方	贷方	方向	余额
月	日						
			承前页			借	4 153.00
04	14	记账-0003	提现金	3 000.00		借	7 153.00
04	14		本日小计	3 000.00		借	7 153.00

续表

201×年		凭证号	摘要	借方	贷方	方向	余额
月	日						
04	15	记账-0004	提现金	3 000.00		借	10 153.00
04	15	记账-0005	借款购税控设备		2 316.00	借	7 837.00
04	15	记账-0006	购办公桌3账		1 100.00	借	6 737.00
04	15	记账-0008	付差旅、注册等费用		2 791.10	借	3 945.90
04	15		本日小计	3 000.00	6 207.10	借	3 945.90

表3-43

银行存款日记账

201×年		凭证号	摘要	借方	贷方	方向	余额
月	日						
			承前页			借	302 000.00
04	14	记账-0003	提现金		3 000.00	借	299 000.00
04	14		本日小计		3 000.00	借	299 000.00
04	15	记账-0004	提现金		3 000.00	借	296 000.00
04	15	记账-0013	购材料		150 000.00	借	146 000.00
04	15	记账-0015	销售收入	200 000.00		借	346 000.00
04	15		本日小计	200 000.00	153 000.00	借	346 000.00

表3-44

资金报表

编制单位： 期间： 日期：

收支项目 \ 资金来源	资金使用合计	银行存款1（××××支行）	库存现金	备注
上期结余				
收入项目				
提取现金发工资				
销售收入				
本期收入合计				
支出项目				
发放工资				
提取现金发工资				

续表

收支项目＼资金来源	资金使用合计	银行存款1（××××支行）	库存现金	备注
材料款				
设备款				
其他支出				
本期支出合计				
本期资金结余				

复核人： 编制人：

第四章 会计基本操作能力单项实训

第一节 原始凭证填制与审核实训

一、原始凭证的概念及基本内容

(一)原始凭证概念

原始凭证又称单据,是在经济业务发生或完成时取得或填制的,用以记录或证明经济业务发生或完成情况,明确经济责任,具有法律效力的书面证明。它是进行会计核算的原始资料和重要依据。企业在日常经营活动中发生的一切经济业务,都必须填制或取得原始凭证。填制原始凭证要由填制人员将各项原始凭证要素按规定方法填写齐全,办妥签章手续,明确经济责任。

(二)原始凭证的基本内容

各个单位的经济业务是多种多样、各不相同的,因而作为记录经济业务、明确经济责任的原始凭证的内容和格式也各不相同。但无论何种原始凭证,其基本内容是相同的。作为原始凭证,必须具备以下基本内容(也称为原始凭证要素):

1. 原始凭证的名称;
2. 填制原始凭证的日期;
3. 原始凭证的编号;
4. 接受凭证单位的名称;
5. 经济业务的内容摘要;
6. 经济业务的实物数量、单价和金额;
7. 填制单位及有关人员的签章。

二、原始凭证的填制方法

(一)原始凭证填制要求

原始凭证是记账的依据,是会计核算最基础的原始资料,同时也是具有法律效力的书面证明文件,取得或填制原始凭证是会计核算工作的起点,如果原始凭证出现差错,必然会导致会计信息失真。为确保原始凭证能够及时、正确、清晰地反映各项经济业务的发生或完成情况,提高会计核算工作的质量,必须正确填制原始凭证。原始凭证的填制,必须符合下列要求:

1. 内容要真实、完整。原始凭证必须如实反映各项经济业务的发生或完成情况,原始凭证的日期、经济业务的内容、数量、单价、金额等都必须真实可靠,符合国家有关政策、法令和法规制度的要求,不得弄虚作假。原始凭证的所有项目都必须填写齐全,以确保原始凭证所反映的经济业务真实可靠、符合实际。

2. 填制手续要完备。单位自制的原始凭证必须有经办业务的部门和人员签名盖章;对外出示的原始凭证必须加盖本单位财务专用章等;从外部取得的原始凭证,必须盖有填制单位的公章或其他专用章;从个人取得的原始凭证,必须有填制人员的签名或盖章。

3. 书写要规范。原始凭证要用黑色或蓝色墨水笔填写,字迹要工整、清晰。一式几联的凭证必须用双面复写纸一次套写清楚。不得使用未经国务院公布的简化汉字。大小写金额的填写要规范,小写金额用阿拉伯数字逐个书写,不得写连笔字。在金额前要冠以人民币符号"￥",符号与数字之间不得留有空白。金额数字一律填写到角分,无角分的,写"00"或符号"—";有角无分的,分位写"0",不得用符号"—";大写金额用汉字壹、贰、叁、肆、伍、陆、柒、捌、玖、拾、佰、仟、万、亿、元、角、分、零、整等,一律用正楷或行书字体书写;大写金额前未印有"人民币"字样的,应加写"人民币"三个字,"人民币"字样和大写金额之间不得留有空白;大写金额到元或角为止的,后面要写"整"字,有分的,不写整字。

4. 编号要连续。各种凭证要连续编号,以便查考。如果凭证已预先印定编号,如发票、支票等重要凭证,在写坏作废时,应加盖"作废"戳记,妥善保管,不得撕毁。

5. 填制要及时。在经济业务发生或完成之后要及时填制原始凭证,并按规定的程序,在规定的时间内送交会计部门,以便会计人员及时审核并据以填制记账凭证,登记账簿。

6. 不得随意涂改、刮擦、挖补。原始凭证填写发生错误时应按规定方法进行更正,不得填、涂、刮、擦、挖,更正处还应加盖出具单位印章,而一旦金额填写有误,则应由出具单位重开,不得在原始凭证上更正。

(二)原始凭证填写示例

原始凭证应根据原始凭证的要素填写,主要填写内容包括:在没有标明为何种凭证名称的原始凭证上填写凭证名称、凭证填制日期、凭证编号、接受凭证单位或个人的名称、经济业务主要内容(包括经济业务所涉及商品名称、数量、单位和金额)以及填制单位名称及经办人员的签名及盖章等。

【例 4-1】 增值税专用发票的填写

201×年12月4日,江河股份有限公司向远东股份有限公司销售甲商品50件,单价80元,款项已经收到。

依据该业务开具增值税专用发票,在填写增值税专用发票时,要用阿拉伯数字填写开票日期;单位名称填写全称,地址不省略;税务登记号按全国统一的税务登记证件代码填写;开户银行及账号按购货单位提供的信息填写;经济业务内容里的名称、数量和单价应根据实际发生的经济业务填写,金额栏中分别填写商品不含税金额、税率和税额,然后计算出价税合计数,价税合计栏既要填写大写金额也要填写小写金额;销售货物单位栏按表格内容逐项据实填写完整。

浙江省增值税专用发票

3307023667　　　　　　　　　　　　　　　　　　　　　　　　　　　　No 08871885

发票联

开票日期：201×年12月04日

检验码　72394 82033 11307 96345

购货单位	名　　称：远东股份有限公司 纳税人识别号：913307101995141601 地址、电话：杭州市解放路888号 开户行及账号：工行解放路支行 　　　　　　81451058675081002	密码区	<6>958317<*4+-5+1327+-7/*64 >2115994831/9258<99/<984396 0302126<0871<9943*/3750<+-7 /*64>2115994831771/*65398>95

货物或应税劳务、服务名称	规格型号	单位	数量	单价	金额	税率	税额
甲商品		件	50	80	4 000.00	16%	640.00
合计					¥4 000.00		¥640.00

价税合计（大写）	肆仟陆佰肆拾元整	（小写）¥4 640.00

销货单位	名　　称：江河股份有限公司 纳税人识别号：420563426735637 地址、电话：丽水市五里路23号 开户行及账号：工商银行 42045276341	备注	网络发票号为：335376846311 查验比对：您可通过 www.z××.gov.cn 或 纳税服务平台查验比对发票内容和税务局 申报内容是否一致，以免传用臻成的 后果

收款人：　　　复核：　　　开票人：刘叶　　　销货单位：（章）

【例 4-2】 入库单的填写

201×年12月5日公司收到外购的 A 材料130吨，单位成本为400元，验收入库。

企业在材料、商品等存货入库时都要填制入库单，填写的内容包括：收货部门、填写时间；表格里面要填明入库货物的名称、种类、数量、单价或单位成本以及金额；另外还有各责任人签名盖章。

入库单

收料部门：仓库　　　　　　201×年12月5日　　　　　　收字第6号

种类	编号	名称	规格	数量	单位	单价	成本总额								
							千	百	十	万	千	百	十	元	角	分
材料		A材料		130	吨	400.00			5	2	0	0	0	0	0
合计									¥5	2	0	0	0	0	0

负责人：孙强　　　记账：李三　　　验收：张梦　　　填单：吴政

三、原始凭证的审核

为了如实反映经济业务的发生和完成情况,充分发挥会计的监督职能,保证会计信息的真实性、可靠性和正确性,应由有关人员严格审核原始凭证。如以上示例中所涉原始凭证,填写完后需认真审核,以防差错。只有经过审核无误的原始凭证,才能作为编制记账凭证和登记账簿的依据。

原始凭证的审核主要包括以下几个方面:

1. 审核原始凭证的真实性。原始凭证作为会计信息的基本信息源,其真实性对会计信息的质量具有至关重要的影响。其真实性的审核包括凭证日期是否真实、业务内容是否真实、数据是否真实等内容的审查。对外来原始凭证,必须有填制单位公章和填制人员签章;对自制原始凭证,必须有经办部门和经办人员的签名或盖章。此外,对通用原始凭证,还应审核凭证本身的真实性,防止以假冒的原始凭证记账。

2. 审核原始凭证的合法性。审核原始凭证所记录的经济业务是否违反了国家有关法律、法规、政策、制度等,是否符合规定的审核权限,是否履行了规定的凭证传递和审查程序,是否有贪污腐化等行为。

3. 审核原始凭证的合理性。审核原始凭证所记录的经济业务是否符合企业生产经营活动的需要,是否符合有关的计划、预算和合同,是否符合费用的开支标准等。

4. 审核原始凭证的完整性。审核原始凭证各项基本要素是否齐全,是否有漏项情况,日期是否完整,数字是否清晰,文字是否工整,有关人员签章是否齐全,凭证联次是否正确,凭证应附的附件是否齐全等。

5. 审核原始凭证的正确性。审核原始凭证各项计算及其相关部分是否正确,包括:阿拉伯数字分开填写,不得连写;小写金额前要标明"¥"字样,中间不能留有空位,金额要标至"分",无角分的,要以"0"补位;金额大写部分要正确,大写金额前要加"人民币"字样,大写金额与小写金额要相符;凭证中有书写错误的,应采用正规的方法更正,不能任意涂改、刮擦、挖补等。

6. 审核原始凭证的及时性。原始凭证的及时性是保证会计信息及时性的基础。为此要求在经济业务发生或完成时及时填制有关原始凭证,及时进行凭证的传递。审核时,应注意审查凭证的填制日期,尤其是银行汇票、银行本票等时效性较强的原始凭证,更应仔细验证其签发日期。

原始凭证的审核是一项十分重要、严肃的工作,对于审核结果应根据不同情况处理:

第一,对于完全符合要求的原始凭证,应及时据以编制记账凭证入账;

第二,对于真实、合法、合理但内容不够完整和计算有错误的原始凭证,应退回给有关经办人员,由其负责将有关凭证补充完整或更正错误后,再办理正式会计手续;

第三,对于不真实、不合法的原始凭证,会计人员应拒绝受理;对于违法的收支,应当制止和纠正;制止和纠正无效时,应向单位领导人报告并请求处理。

第二节 记账凭证编制与审核实训

一、记账凭证的概念及基本内容

(一) 记账凭证概念

记账凭证是会计人员根据审核无误的原始凭证或原始凭证汇总表,按照经济业务的内容加以归类,并据以确定会计分录而填制的、作为登记账簿依据的凭证。通过记账凭证的填制,把原始凭证中的经济信息转换成会计信息的过程,即把原始凭证记录的已发生经济业务,根据复式记账法和设置的会计科目,进行归类、整理,作为登记账簿的直接依据。

(二)记账凭证的基本内容

在不同的记账方法下,记账凭证的格式有所不同,即使采用同一种记账方法,各单位所使用的记账凭证,因其反映经济业务的内容不同、各单位规模大小及其对会计核算繁简程度的要求不同,其格式也有可能不同。但作为登记账簿的依据,无论采用哪种格式,都必须具备以下基本内容:

1. 填制单位的名称;
2. 记账凭证的名称;
3. 填制记账凭证的日期;
4. 经济业务内容摘要;
5. 经济业务所涉及的会计科目名称(包括总账科目和明细科目)、记账方向和金额;
6. 记账凭证的编号;
7. 记账的标记;
8. 所附原始凭证张数;
9. 会计主管、填制、审核、记账、出纳等相关责任人员的签名或盖章。

(三)记账凭证的种类

记账凭证可以分为专用凭证和通用凭证。

1. 专用凭证

专用凭证按照其所反映的经济内容不同,一般可分为收款凭证、付款凭证和转账凭证。

(1)收款凭证

收款凭证是指用以记录现金和银行存款收入业务的记账凭证。收款凭证又分为现金收款凭证和银行存款收款凭证两种。现金收款凭证是指根据有关现金收入业务的原始凭证编制的收款凭证;银行存款收款凭证是指根据有关银行存款收入业务的原始凭证编制的收款凭证。收款凭证的一般格式见表4-1。

表4-1　　　　　　　　　　(企业名称)

收款凭证

借方科目:　　　　　　　　　　年　月　日　　　　　　　　　　字　号

摘要	贷方科目		记账	金额
	总账科目	明细科目		
合计				

附件　张

会计主管:　　　记账:　　　出纳:　　　审核:　　　填制:

(2) 付款凭证

付款凭证是用以记录现金和银行存款付出业务的记账凭证。付款凭证又分为现金付款凭证和银行存款付款凭证两种。现金付款凭证是指根据有关现金付出业务的原始凭证编制的付款凭证；银行存款付款凭证是指根据有关银行存款付出业务的原始凭证编制的付款凭证。付款凭证的一般格式见表4-2。

表4-2　　　　　　　　　　　　　　（企业名称）

付款凭证

贷方科目：　　　　　　　　　　　年　月　日　　　　　　　　　　　　字　号

摘要	借方科目		记账	金额
	总账科目	明细科目		
合计				

附件　张

会计主管：　　　　记账：　　　　出纳：　　　　审核：　　　　填制：

收款凭证和付款凭证，既是登记现金日记账、银行存款日记账、明细分类账和总分类账等有关账簿的依据，也是出纳人员收款和付款的依据。出纳人员不能直接依据有关收款和付款业务的原始凭证来收、付款，必须根据会计主管人员或其指定人员审核批准的收款凭证和付款凭证来收款和付款。根据收款和付款凭证收、付款后，要在凭证上加盖"收讫"或"付讫"的戳记，以免重收或重付。只有加盖"收讫"或"付讫"后的收、付款凭证，才能作为登记账簿的依据。

(3) 转账凭证

转账凭证是指记录转账业务的记账凭证，它根据有关转账业务（即不涉及现金、银行存款收付的各项业务）的原始凭证编制的。转账凭证的格式见表4-3。

表4-3　　　　　　　　　　　　　　（企业名称）

转　账　凭　证

　　　　　　　　　　　　　　　年　月　日　　　　　　　　　　　　转字　号

摘要	会计科目		记账	借方金额	贷方金额
	总账科目	明细科目			
合计					

附件　张

会计主管：　　　　记账：　　　　　　　　审核：　　　　　　填制：

2. 通用凭证

通用记账凭证，即各类经济业务都采用统一格式的记账凭证。在业务量少、凭证也不多的小型企业，可以使用通用凭证。采用通用记账凭证的企业，不再根据经济业务的内容分别编制收款凭证、付款凭证和转账凭证，所以涉及货币收付、资金收付款业务的记账凭证由出纳员根据审核无误的原始凭证收付款后编制，涉及转账业务的记账凭证由会计人员根据审核无误的原始凭证编制。通用记账凭证的格式见表4-4。

表4-4　　　　　　　　　　　　（企业名称）

记账凭证

年　月　日　　　　　　　　　　　　　　　　　字　号

摘要	会计科目		记账	借方金额	贷方金额
	总账科目	明细科目			
合计					

附件　张

会计主管：　　　　　　记账：　　　　　　审核：　　　　　　填制：

二、记账凭证的填制方法

（一）记账凭证的填制要求

在实际工作中，原始凭证的种类繁多，数量庞大，而且来自各个方面，格式大小不一，不便于填列应借、应贷的会计科目及其金额。因此，在记账前，应先根据原始凭证编制记账凭证，以确定会计分录，并将原始凭证附在相关记账凭证的后面。记账凭证的填制，除了必须遵守上述原始凭证的填制要求外，还应做到以下几点：

1. 记账凭证必须根据审核无误的原始凭证或汇总原始凭证填制。记账凭证可以根据每一张原始凭证填制，也可以根据若干张同类原始凭证汇总填制，但不能把不同内容和类别的原始凭证汇总填制在同一份记账凭证上，以防止科目对应关系混淆不清。

2. 正确填写摘要栏。摘要栏应简明扼要地概括经济业务内容的要点，文字说明应简练概括，以便于查阅凭证、判断会计分录的正确性。

3. 会计科目运用准确。必须按照会计制度统一规定的科目名称及其核算内容，结合经济业务的性质，正确地编制会计分录，不得任意改变会计科目的名称和核算内容，以保证核算资料的一致性和可比性，便于综合汇总核算指标，也便于根据正确的科目对应关系了解有关经济业务的完成情况。

4. 除结账和更正错误以外，记账凭证必须附有原始凭证并注明所附原始凭证的张数，以便于复核"摘要"栏内所说明的经济业务内容和所编制的会计分录是否正确，也便于日后查阅原始凭证。如果根据同一张原始凭证填制两张记账凭证，则应在未附原始凭证的记账凭证上注明：单据×张，附在第×号记账凭证上，以便于日后复核和查阅。记账凭证填制完毕，应加计合计数,检查借贷双方及总账科目与二级科目或明细科目的金额是否平衡。

5. 各种记账凭证必须连续编号,以便查考。如果一项经济业务需要填制多张记账凭证,可采用分数编号法。例如,一项经济业务需要填制三张转账凭证,凭证的序号为转字第9号,则这三张凭证的编号可分别为转字第 $9\frac{1}{3}$ 号、第 $9\frac{2}{3}$ 号、第 $9\frac{3}{3}$ 号。每月最后一张记账凭证的编号旁边,可加注"全"字,以免凭证散失。

6. 记账凭证入账后,应在记账凭证中的记账栏作"√"符号或注明登记入账的页数,防止重复记账或漏记。

7. 记账凭证的日期应是会计人员受理业务事项的日期,年、月、日都应写全。记账凭证在填写后,应当及时复核与检查,填制、审核、记账、会计主管、会计人员等都必须在记账凭证上签字、盖章,以明确经济责任。

8. 记账凭证填制完经济业务事项后,如有空行,应当自金额栏最后一笔金额数字下的空行处至合计数上的空行处划线注销。

9. 填制记账凭证时如果发生错误,应当重新填制。已经登记入账的记账凭证在当年内发现错误的,可以用红字冲销法进行更正;在会计科目应用上没有错误,只是金额错误的情况下,也可以按正确数字同错误数字之间的差额,另编一张调整记账凭证;发现以前年度的记账凭证有错误时,应当用蓝字填制一张更正的记账凭证。

10. 实行会计电算化的单位,其机制记账凭证应当符合对记账凭证的一般要求,并应认真审核,做到会计科目使用正确,数字准确无误。打印出来的机制记账凭证上,要加盖制单、审核、记账人员和会计主管人员印章或者签字,以明确责任。

(二) 记账凭证的填制方法

在实际工作中,原始凭证的种类繁多、数量庞大,而且来自各个方面,格式大小不一,不便于填列应借、应贷的会计科目及其金额,因而,在记账前,应先根据原始凭证编制记账凭证,以确定会计分录,并将原始凭证附在相关记账凭证后。这样做,既避免了记账发生差错,也便于查账和对账。

1. 专用凭证

(1) 收款凭证的填制

在收款凭证左上方的"借方科目"按收款的性质填写"现金"或"银行存款";日期填写的是编制本凭证的日期;右上方填写编制收款凭证的顺序号;"摘要"填写对所记录的经济业务的简要说明;"贷方科目"填写与收入现金或银行存款相对应的会计科目;"记账"是指该凭证已登记账簿的标记,防止经济业务重记或漏记;"金额"是指该项经济业务的发生额;"附件 张"是指本记账凭证所附原始凭证的张数;最后分别由有关人员签章,以明确经济责任。

【例 4-3】 某企业 201×年 8 月 15 日销售甲商品,价款 50 000 元,增值税 8 000 元,共计 58 000 元。货税款收到并存入银行。

根据该笔经济业务填制的收款凭证见表 4-5。

表 4-5　　　　　　　　　　　　　　（企业名称）

收款凭证

借方科目：银行存款　　　　　　201×年 8 月 15 日　　　　　　　　　　银收字 6 号

摘要	贷方科目		记账	金额
	总账科目	明细科目		
销售甲商品	主营业务收入			50 000
	应交税费	应交增值税		8 000
合计				￥58 000

附件 2 张

会计主管：(签章)　　记账：(签章)　　出纳：(签章)　　审核：(签章)　　填制：(签章)

2. 付款凭证的填制

付款凭证的填制方法与收款凭证基本相同，只是左上方由"借方科目"换为"贷方科目"，凭证中间的"贷方科目"换为"借方科目"。

【例 4-4】 某企业 201×年 8 月 17 日以银行存款支付前欠大伟公司的货款 20 000 元。

根据该笔经济业务填制的付款凭证见表 4-6。

表 4-6　　　　　　　　　　　　　　（企业名称）

付款凭证

贷方科目：银行存款　　　　　　201×年 8 月 17 日　　　　　　　　　　银付字 10 号

摘要	借方科目		记账	金额
	总账科目	明细科目		
支付货款	应付账款	大伟公司		20 000
合计				￥20 000

附件 1 张

会计主管：(签章)　　记账：(签章)　　出纳：(签章)　　审核：(签章)　　填制：(签章)

【例 4-5】 某企业综合办 201×年 8 月 2 日以现金 200 元购买打印纸。

根据该笔经济业务填制的付款凭证见表 4-7。

表4-7　　　　　　　　　　　　　　（企业名称）

付款凭证

贷方科目：库存现金　　　　　201×年8月2日　　　　　　　现付字11号

摘要	借方科目		记账	金额
	总账科目	明细科目		
购买打印纸	管理费用			200
合计				￥200

附件1张

会计主管：（签章）　　　记账：（签章）　　　出纳：（签章）　　　审核：（签章）　　　填制：（签章）

对于涉及"现金"和"银行存款"之间划转的经济业务，如将现金存入银行或从银行提取现金，为了避免重复记账，一般只编制付款凭证，不编制收款凭证。出纳人员应根据会计人员审核无误的收款凭证和付款凭证办理收付款业务。

3. 转账凭证的填制

转账凭证将经济业务中所涉及全部会计科目，按照先借后贷的顺序记入"会计科目"栏中的"总账科目"和"明细科目"，并按应借、应贷方向分别记入"借方金额"或"贷方金额"栏。其他项目的填列与收、付款凭证相同。

【例4-6】　某企业201×年8月21日销售甲商品给东方公司，价款80 000元，增值税12 800元，共计92 800元。货税款尚未收到。

根据该笔经济业务填制的转账凭证见表4-8。

表4-8　　　　　　　　　　　　　　（企业名称）

转账凭证

201×年8月21日　　　　　　　　　　　　　　　　　转字15号

摘要	会计科目		记账	借方金额	贷方金额
	总账科目	明细科目			
销售甲商品	应收账款	东方公司		92 800	
	主营业务收入				80 000
	应交税费	应交增值税			12 800
合计				￥92 800	￥92 800

附件2张

会计主管：（签章）　　　记账：（签章）　　　审核：（签章）　　　填制：（签章）

4. 通用凭证的填制

通用凭证不再分收款、付款和转账业务，所有业务都填在同一格式的凭证中。在借贷记账法下，将经济业务所涉及的会计科目全部填列在凭证内，借方在先，贷方在后，将借方会计科目所记载金额填列在"借方金额"栏内，将贷方会计科目的金额填列在"贷方金额"栏内，借方金额合计与贷方金额合计应相等。填写完后制单人在下方签名盖章,并写上附件张数,以及空行注销。在凭证的编号上,采用按照发生经济业务的先后顺序编号的方法。

【例 4-7】 某企业 201×年 9 月 10 日从银行借入 100 000 元,期限 10 个月的借款,款项已转入开户银行。

根据该笔经济业务填制的记账凭证见表 4-9。

表 4-9　　　　　　　　　　　　　　(企业名称)

记账凭证

201×年 9 月 10 日　　　　　　　　　　　　　　　　　　　总字 16 号

摘要	会计科目		记账	借方金额	贷方金额
	总账科目	明细科目			
借入短期借款	银行存款			100 000	
	短期借款				100 000
合计				¥100 000	¥100 000

附件 2 张

会计主管:(签章)　　　　记账:(签章)　　　　审核:(签章)　　　　填制:(签章)

三、记账凭证审核

记账凭证是登记账簿的依据,收、付款凭证是出纳人员办理收付款项的依据。因此,为了保证账簿记录的正确性,监督款项的收付,提高会计信息的质量,必须建立必要的专人审核或相互审核制度。

记账凭证审核的主要内容包括:

1. 内容是否真实。审核记账凭证是否有原始凭证为依据,所附原始凭证是否已经审核,且其内容与记账凭证的内容是否一致,汇总记账凭证的内容与其所依据的记账凭证的内容是否一致等。

2. 项目是否齐全。审核记账凭证各项目的填写是否齐全,如日期、凭证编号、摘要、会计科目、金额、所附原始凭证张数及有关人员签章等。

3. 科目是否正确。审核记账凭证的应借、应贷科目是否正确,是否有明确的账户对应关系,所使用的会计科目是否符合有关会计准则、制度的规定等。

4. 金额是否正确。审核记账凭证所记录的金额与原始凭证的有关金额是否一致,汇总记账凭证的金额与记账凭证的金额合计是否相符,原始凭证中的数量、单价、金额计算是否正确等。

5. 书写是否正确。审核记账凭证中的记录是否文字工整、数字清晰,是否按规定使用蓝黑墨水,是否按规定进行更正等。

如果发现记账凭证的填列有错误,或者不符合要求,则需重新填制,或按规定的方法进行更正。只有经过审核无误的记账凭证才能作为登记账簿的依据。

四、科目汇总表的编制

(一)科目汇总表概念及格式

科目汇总表是根据记账凭证汇总编制而成的汇总记账凭证。采用科目汇总表核算组织程序下,科目汇总表就成为登记总分类账的依据。

科目汇总表可以每汇总一次编制一张,见表 4-10;也可以按旬汇总一次,每月编制一张,见表 4-11。任何格式的科目汇总表,都只反映各个账户的借方本期发生额和贷方本期发生额,不反映各个账户的对应关系。

表 4-10

科目汇总表

年 月 日~ 月 日　　　　　　　　　汇字第 号

账户名称	记账	本期发生额		记账凭证 起讫号数
		借方	贷方	
库存现金				
银行存款				
……				
合计				

表 4-11

科目汇总表

年　月　日

账户名称	记账	1日至10日		11日至20日		21日至31日		本月合计	
		借方	贷方	借方	贷方	借方	贷方	借方	贷方
库存现金									
银行存款									
……									

(二) 科目汇总表编制方法

科目汇总表的编制是以会计科目为中心,汇总一定时期各会计科目的借贷方发生额,填入科目汇总表内。定期(5天或10天)将该期间内的全部记账凭证,按相同会计科目归类,汇总每一会计科目的借方发生额和贷方发生额,并填写在科目汇总表相关栏目内。对于库存现金和银行存款账户的借方本期发生额和贷方本期发生额,也可以直接根据现金日记账的收入合计数、支出合计数填列,而不再根据收款凭证和付款凭证归类汇总填列。

第三节　会计账簿登记实训

一、会计账簿及会计账簿的设置

(一) 会计账簿概念

填制与审核会计凭证,可以将每天发生的经济业务如实、正确地进行记录,明确其经济责任。但会计凭证数量繁多、信息分散,缺乏系统性,不便于会计信息的整理与报告。为了全面、系统、连续地核算和监督单位的经济活动及其财务收支情况,应设置会计账簿。

会计账簿(简称账簿)是由具有一定格式的账页组成的,以会计凭证为依据,全面、连续、系统地记录和反映经济业务的簿籍。

（二）会计账簿的设置

每个企业所需要设置的账簿，应当根据经济业务的特点和管理上的需要，并考虑人力和物力的节约，力求登记、查找的方便，综合考虑以上因素再来确定，企业一般设置以下几类账簿：

1. 日记账

日记账又称序时账，是按照经济业务发生或完成的时间先后顺序逐日逐笔进行登记的账簿。用来记录全部业务的日记账称为普通日记账；用来记录某一类型经济业务的日记账称为特种日记账。实际工作中，应用最多的是特种日记账，一般的企业都应当设置记录库存现金收付业务及其结存情况的库存现金日记账，以及记录银行存款收付业务及其结存情况的银行存款日记账。日记账外表上一般采用订本式账簿。

2. 分类账

分类账是对全部经济业务按照分类账户进行分类登记的账簿。按照总分类账户分类登记的账簿称为总分类账，简称总账；按照明细分类账户分类登记的账簿称为明细分类账，简称明细账。总分类账提供总括的会计信息，明细分类账提供详细的会计信息，二者相辅相成、互为补充。

分类账可以分别反映和监督各项资产、负债、所有者权益、收入、费用和利润的增减变动情况及其结果。分类账簿提供的核算信息是编制会计报表的主要依据。

总分类账一般设置订本式账簿，明细账则可以采用活页式账簿。

3. 备查账

备查账也称备查簿（或称辅助登记簿），是指对某些在日记账和分类账中未记录或记录不全的经济业务进行补充登记的账簿。如租入固定资产备查簿、受托加工物资备查簿等。备查账应根据单位需要设置。

（三）会计账簿的基本结构

在实际工作中，账簿的格式是多种多样的，不同格式的账簿所包括的具体内容也不尽相同。但各种账簿都应具备以下基本内容：

1. 封面

主要标明账簿的名称，如总分类账、各种明细分类账、现金日记账、银行存款日记账等。

2. 扉页

主要登载科目索引、账簿启用登记及交接表（活页账、卡片账在装订成册后填列）。

3. 账页

账页是账簿的主要内容，其格式因记录经济业务内容的不同而有所不同，但基本内容应包括：

（1）账户的名称（总分类账户、二级账户或明细账户）；

（2）登记日期栏；

（3）凭证种类和号数栏；

（4）摘要栏（记录经济业务内容的简要说明）；

（5）借、贷方金额及余额的方向、金额栏；

（6）总页次和分户页次。

二、会计账簿登记规则

（一）账簿启用规则

新创立的企业或其他经济单位，第一次使用账簿，都需要建账。持续经营企业，在每个新会计年度开始时，除固定资产明细账等少数分类账簿，因数量多、本身变动不大、可以连续使用外，其他分类账簿和日记账均应在新年度开始时开设新账，而不应跨年度使用以前年度旧账，以免造成账簿归档保管和日后查阅的困难。"租入固定资产备查簿"或根据单位特别需求建立的备查账簿，也可跨年度连续使用，不必每年更换新账。

为了保证账簿记录的合法性、安全性，明确记账责任，启用新账时，都应详细填制账簿扉页的"账簿启用登记及经管人员交接表"。按要求填写单位名称、账簿名称、启用日期、账簿册数、账簿编号、账簿页数（活页账的页数一般是年度结束结完账装订成册后才能标出每张账页的页码、填出总计页数）、记账人员和会计主管人员的姓名，并加盖公章和经管人员的名章。中途更换记账人员时，应填写清楚交接日期、交接人员和监交人员，并签字或盖章，以明确责任。

（二）账簿登记遵循的规则

账簿登记是会计核算的重要环节，为了保证账簿记录真实、可靠、正确、完整，满足成本计算和编制会计报表的需要，会计人员在记账时，必须遵循登记账簿的一般要求和具体规则。

1. 登记账簿的一般要求

（1）登记账簿的依据必须是审核无误的记账凭证。记账人员在登记账簿之前，还应对已经审核过的记账凭证进行再次复核，记账人员对认为有问题的记账凭证或所附原始凭证，应交主管会计人员进一步审核，由主管会计人员根据规定做出处理决定。记账人员不能擅自更改记账凭证，随意处置原始凭证，更不能依据有误的记账凭证登记账簿。

（2）登记账簿的时间要求，因账簿的类别不同和各企业的情况不同而有所差异。各种日记账和债权、债务明细账，应每天登记，随时结出余额，现金日记账还要每天与库存现金进行核对；实物资产如原材料、库存商品等明细账，发生经济业务时就应登记入账，并随时结出余额，以便随时掌握其动态情况；总账和其他明细账可根据实际情况确定登账期，但至少必须每月登账一次。

（3）总账和明细账应平行登记。对于需提供其详细情况的经济业务，应根据审核无误的记账凭证，一方面登记有关的总分类账；另一方面，同时登记其所属的明细分类账。如果同时涉及几个明细账户，则应分别在有关的几个明细分类账中同时登记；并且登记总分类账及其所属的明细分类账的记账方向应该相同，记账金额亦应相等。这样才能保证总分类账与其所属明细分类账之间的勾稽关系。

2. 登记账簿的具体规则

（1）账页头的书写：一级账户名称写在账页上端正中横线上，二级账户或明细账户写在账页左上角。实物资产明细账账页头还应将品名、规格、型号、保管地点、仓库、储备量等项内容填写清楚。另外，一张账页不得开设两个不同的账户。

（2）为了保持账簿记录的持久性，防止涂改，登记账簿必须使用蓝黑或碳素墨水，并用钢笔书写，不能用铅笔或圆珠笔登记。红色墨水只能在结账划线、划线更正错误和红字冲账时才能使用，或在不设借贷等栏的多栏式账页中登记减少数，在三栏式账页的余额栏前，若未印明方向的在余额栏登记负数余额，以及国家统一会计制度规定可以用红字登记的其他会计记录。

（3）账簿内各项目要按规定认真登记。记账时必须对账页中的日期、凭证编号、摘要、金额等项目填写齐全，做到摘要简明扼要、文字规范清楚、数字清晰无误。结出账户余额后，在

"借或贷"栏目注明"借"或"贷"字样,以示余额的方向;对于没有余额的账户,应在此栏内标"平"字,在"余额"栏写"0"。

(4) 账簿中文字和数字的书写要求:账簿应保持清洁整齐,文字、数字书写应端正、规范。摘要文字应紧靠左线,数字应写在金额线内并略向右斜,文字、数字的字体大小不应顶格,下方应紧靠底线,一般占一行格高的 1/2 的位置,数字排列要整齐均匀,小数点以后的两个"0"不得省略不写。

(5) 登记账簿要按顺序进行,不得隔页、跳行。如不慎出现隔页,应将空白账页用对角"×"号注销或注明"此页空白";如出现跳行,亦应用斜线注销或注明"此行空白";注销的空白账页或空行处应加盖记账人员名称,以示负责。切忌任意撕毁、抽换账页。订本式日记账或其他账簿严禁撕毁账页。

(6) 账簿登记完毕后,要在记账凭证上做出"过账"的标记,可注明账簿页码或打勾,以免漏记或重登,也便于查阅、核对,并在记账凭证上签章。

(7) 每一账页记录完毕,应在该账页最末一行加计发生额合计及余额,在该行"摘要"栏注明"转次页"或"过次页",并将这一金额记入下一页第一行有关金额栏内,在该行"摘要"栏注明"承前页",以保持账簿记录的连续性,便于对账和结账。

(8) 在记账过程中发生账簿记录错误,不得随意刮、擦、挖、补或用褪色药水更改字迹,而应根据错误的具体情况,按照规定的方法予以更正。

三、账簿的格式与登记

(一) 日记账的格式与登记

1. 库存现金日记账

现金日记账是用来逐日反映库存现金的收入、付出和结存情况的账簿。现金日记账的格式一般采用三栏式。三栏式现金日记账设借方、贷方和余额三个基本的金额栏目,我国企业一般将其分别称为收入、支出和结存三个基本栏目。为了清晰地反映现金收付业务的具体内容,还可以在摘要栏后专设"对方科目",登记对方科目名称。以便记账时标明现金收入的来源科目和现金支出的用途科目。三栏式现金日记账的格式见表 4-12。

表 4-12

现金日记账

第　页

年		凭证号数	摘　要	对方科目	收入	支出	结余
月	日						
8	1		期初余额				8 000.00
8	2	现付字 11 号	购买打印纸	管理费用		200.00	7 800.00

现金日记账由出纳人员根据同现金收付有关的记账凭证，按时间顺序逐日逐笔进行登记。即根据现金收款凭证和与现金有关的银行存款付款凭证（从银行提取现金的业务）登记现金收入，根据现金付款凭证登记现金支出；并根据"上日余额＋本日收入－本日支出＝本日余额"的公式，逐日结出现金余额，并将账上结存数与库存现金实存数核对，借以检查每日现金收、付、存情况及库存现金限额执行情况，做到账实相符。

【例4-8】 接例4-5，根据表4-7所填的付款凭证（现付字11号）登记现金日记账。

日记账中的日期、凭证号数和摘要与付款凭证一致，如果设有对方科目，也填写付款凭证表格内的总账科目，没有设置该栏目，就不需要填写。在支出栏填写总支出金额，并逐日结出余额，如表4-12所示。

2. 银行存款日记账

银行存款日记账是用来逐日反映银行存款的收入、支出和结余情况的账簿。银行存款日记账应按企业在银行开立的账户和币种分别设置，每个银行账户设置一本日记账。银行存款日记账的格式与现金日记账基本相同，一般企业都采用三栏式日记账。由于银行存款的收付是根据特定的银行结算凭证进行的，因此都应在适当位置增加一栏"结算凭证（种类、号数）"栏，以便记账时标明每笔业务的结算凭证及编号。三栏式银行存款日记账格式参见表4-13。

表4-13

三栏式银行存款日记账

第　　页

年		凭证号数	摘要	结算凭证		对方科目	收入	付出	结余
月	日			种类	号数				

银行存款日记账登记方法与现金日记账相同。它由出纳员根据与银行存款收付业务有关的记账凭证，按时间先后顺序逐日逐笔进行登记。根据银行存款收款凭证和有关的现金付款凭证（库存现金存入银行的业务）登记银行存款收入栏，根据银行存款付款凭证登记其支出栏，每日结出存款余额，定期将日记账与银行对账单进行核对，保证记录准确无误。

为了保证资金的安全和完整，无论采用何种形式的现金日记账和银行存款日记账，都必须使用订本式账簿。

（二）分类账簿的格式与登记

1. 总分类账格式和登记方法

总分类账简称总账，是根据总分类账户分类登记以提供总括会计信息的账簿。总账中的账页是按总账科目（一级科目）开设的总分类账户。

总分类账最常用的格式是三栏式，设置借方、贷方和余额三个基本金额栏目，其一般格式见表4-14。

表4-14

三栏式总分类账

第　页

年		凭证号数	摘要	借方	贷方	借或贷	余额
月	日						

为保证资料安全完整和便于查阅，总分类账应采用订本式账簿。由于订本式账簿不能随时增减账页，因此在启用时需根据科目发生业务的多少预留若干账页。总分类账的记账依据和登记方法取决于企业采用的账务处理程序。既可以根据记账凭证逐笔登记，也可以根据经过汇总的科目汇总表或汇总记账凭证登记，还可以根据特种日记账或普通日记账登记。

2. 明细分类账格式和登记方法

明细分类账是根据二级账户或明细账户开设账页，分类、连续地登记经济业务以提供明细核算资料的账簿。明细分类账对总分类账起补充说明的作用，它所提供的资料也是编制会计报表的重要依据。明细账一般采用活页式账簿，也有采用卡片式账簿的。明细账的格式有三栏式、多栏式、数量金额式和横线登记式四种，本教材介绍最通用的三种：

（1）三栏式明细账

三栏式明细分类账是设有借方、贷方和余额三个栏目，不设数量栏，用以分类核算各项经济业务，提供详细核算资料的账簿。这种格式与三栏式总账格式基本相同，其一般格式见表4-15。三栏式明细分类账适用于只进行金额核算而不需要数量核算的账户，如应收账款、应付账款等往来结算账户。

表 4-15

三栏式明细分类账

第　页

年		凭证号数	摘要	借方	贷方	借或贷	余额
月	日						

三栏式明细账的登记比较简单,日期、凭证编号和摘要栏按记账凭证上的内容抄录,金额栏根据记账凭证上该科目的借方或贷方发生额逐笔依次登记,并随时结出借方或贷方余额。月份终了时结算出本月发生额和期末余额。

(2) 数量金额式明细账

数量金额式明细分类账适用于既要进行金额核算又要进行数量核算的账户。如原材料、库存商品等账户,其借方(收入)、贷方(发出)和余额(结存),都分别设有数量、单价和金额三个专栏。其格式见表 4-16。

表 4-16

数量金额式明细分类账

类别：

编号：　　　　品名规格：　　　存放地点：　　　计量单位：　　　　第　页

年		凭证字号	摘要	收入			发出			结存		
月	日			数量	单价	金额	数量	单价	金额	数量	单价	金额

数量金额式明细分类账提供了企业有关财产物资收、发、存的数量和金额的详细资料,从而能加强财产物资的实物管理和使用监督,可以保证这些财产物资的安全完整。其登记方法,

除在登记内容上增记"数量""单价"外,其他与"三栏式"账页的登记相同。

(3) 多栏式明细账

多栏式明细分类账的格式可根据具体业务和管理的需要呈各种样式。比如它在一张账页上按明细科目分设若干专栏,集中反映有关明细项目的核算资料,格式如表 4-17 所示。或者也可只设借(或贷)一方,不设另一方及余额栏,如表 4-18 所示。多栏式明细分类账适用于需反映项目构成情况的成本费用类和收入成果类科目的明细核算。如"制造费用""管理费用""主营业务收入""本年利润"等账户的明细分类核算。

表 4-17

多栏式明细分类账

第 页

年		凭证号数	摘要	借方					贷方	余额
月	日							合计		

表 4-18

多栏式明细分类账

第 页

年		凭证号数	摘要	借(贷) 方				合计
月	日							

多栏式明细分类账的借贷方发生额一般根据记账凭证上相应账户的借方或贷方金额逐笔登记,而对于只设借方(或贷方),不设另一方的金额栏及余额栏的账页,其减少数通常用红字在相应的借方(或贷方)栏目中记载,以示与原发生额冲销,冲销的差额即为余额。

四、结账、对账

(一) 结账的方法

结账,就是在把一定时期内所发生的经济业务全部登记入账的基础上,结算出各种账簿的本期发生额和期末余额。结账的内容通常包括结算各种收入、费用账户,并据以计算确定本期利润,结算各资产、负债和所有者权益账户,分别结出本期发生额合计和余额。

结账根据结账时间不同,可以分为月结、季结和年结。月结和季结的标志为划单红线,年结的标志为划双红线。结账的具体方法包括:

1. 对不需按月结计本期发生额的账户,如各项应收应付款明细账和各项财产物资明细账等,每次记账以后,都要随时结出余额,每月最后一笔余额即为月末余额。也就是说,月末余额就是本月最后一笔经济业务记录的同一行内余额。月末结账时,只需要在最后一笔经济业务记录之下通栏划单红线,不需要再结计一次余额。

2. 现金、银行存款日记账和需要按月结计发生额的收入、费用等明细账,每月结账时,要在最后一笔经济业务记录下面通栏划单红线,结出本月发生额和余额,在摘要栏内注明"本月合计"字样,在下面通栏划单红线。

3. 需要结计本年累计发生额的某些明细账户,每月结账时,应在"本月合计"行下结出自年初起至本月末止的累计发生额,登记在月份发生额下面,在摘要栏内注明"本年累计"字样,并在下面再通栏划单红线。12月末的"本年累计"就是全年累计发生额,全年累计发生额下通栏划双红线。

4. 总账账户平时只需结出月末余额。年终结账时,为了总括地反映全年各项资金运动情况的全貌,核对账目,要将所有总账账户结出全年发生额和年末余额,在摘要栏内注明"本年合计"字样,并在合计数下通栏划双红线。

(二) 对账

对账就是核对账目。一般是在会计期间(月份、季度、年度)终了时进行。对账的内容一般包括三方面:

1. 账证核对

账证核对工作是指账簿记录与记账凭证及其所附原始凭证的核对。主要是对账簿记录与原始凭证、记账凭证的时间、凭证字号、记账内容、记账金额及记账方向等的核对。

2. 账账核对

账账核对工作是指不同账簿记录之间的核对。主要包括:

(1) 所有总账账户借方发生额合计与贷方发生额合计是否相符;
(2) 所有总账账户借方余额合计与贷方余额合计是否相符;
(3) 有关总账账户余额与其所属明细分类账余额合计是否相符;
(4) 现金日记账和银行存款日记账的余额与其总账余额是否相符;
(5) 会计部门有关财产物资明细账余额与财产物资保管、使用部门的有关明细账余额是否相符。

3. 账实核对

账实核对是指各项财产物资账面余额与实有数额之间的核对。账实核对包括以下内容:

(1) 现金日记账账面余额与库存现金数额是否相符;
(2) 银行存款日记账账面余额与银行对账单的余额是否相符;
(3) 各项财产物资明细账余额与财产物资的实有数额是否相符;
(4) 有关债权、债务明细账账面余额与对方单位的账面记录是否相符。

五、错账更正方法

对于账簿记录中所发生的错误,应采用正确的方法予以更正。常用的错账更正方法有三种:划线更正法、红字更正法、补充登记法。

1. 划线更正法

在结账前发现账簿记录有文字或数字错误,而记账凭证没有错误,可以采用划线更正法。更正时,可在错误的文字或数字上划一条红线,在红线的上方用蓝黑墨水写上正确的文字或数字,并由记账人员在更正处盖章,以明确责任。但应注意:更正时不得只划销个别数字,错误的数字必须全部划销,并保持原有数字清晰可辨,以便审查。如将"8 546.00 元"错记成"8 564.00 元",应将"8 564.00"全部划掉,再在上面写上"8 546.00",而不能只划掉"64",改两位数更正为"46"。如果文字有误,可以只划去错误的字词加以改正。

2. 红字更正法

使用红字更正法有两种情况:

一是记账后发现记账凭证中的应借、应贷会计科目有错误,从而引起记账错误。更正的方法是:用红字填写一张与原记账凭证完全相同的记账凭证,以注销原记账凭证,然后用蓝字填写一张正确的记账凭证,并据以记账。

【例4-9】 国安公司生产车间一般耗用原材料16 000元。编记账凭证时,会计分录误编为:

借:生产成本　　　　16 000
　　贷:原材料　　　　16 000

更正时按原记账凭证用红字编制一张记账凭证,以冲销原账簿记录:

借:生产成本　　　　16 000
　　贷:原材料　　　　16 000

然后编制一张正确的记账凭证并记账,分录为:

借:制造费用　　　　16 000
　　贷:原材料　　　　16 000

二是记账后发现记账凭证和账簿记录中应借、应贷会计科目无误,只是所记金额大于应记金额。更正的方法是:按多记的金额用红字编制一张与原记账凭证应借、应贷科目完全相同的记账凭证,以冲销多记的金额,并据以记账。

如若上例中的金额误记为61 000元,所用会计科目正确,则更正的会计分录为:

借:制造费用　　　　45 000
　　贷:原材料　　　　45 000

3. 补充登记法

也称为补充更正法,是指记账后发现记账凭证和账簿记录中应借、应贷会计科目无误,只是所记金额小于应记金额。更正的方法是:应按照正确数字与错误数字之间的差额,用蓝字填一张记账凭证,以此补充登记入账。

【例4-10】 国安公司取得短期借款80 000元,存入银行。编制记账凭证时,将金额写成8 000元,并登记入账。其错误分录为:

借：银行存款　　　　8 000
　　贷：短期借款　　　8 000

为了更正有关账户中少记的72 000元的错误，应用蓝字填制一张记账凭证。其分录如下：

借：银行存款　　　　72 000
　　贷：短期借款　　　72 000

第四节　会计报表编制规范实训

一、资产负债表编制

（一）资产负债表的格式

目前，国际上流行的资产负债表的格式主要有账户式和报告式两种。根据我国《企业会计准则》的规定，企业的资产负债表一般采用账户式结构，具体格式见表4-19。账户式资产负债表又称平衡式资产负债表，是将资产项目列在表体部分的左方，负债和所有者权益项目列在表体部分的右方，犹如会计中"T"型账户的左右分列。其平衡关系体现在左方的资产总额等于右方负债和所有者权益总额的合计。左方为资产项目，按资产的流动性强弱排列，流动性强的资产排列在前，流动性弱的资产排列在后。右方为负债及所有者权益项目，一般按要求清偿时间的先后顺序排列，需要在一年以内或者长于一年的一个正常营业周期内偿还的流动负债排在前面，一年以上才需偿还的非流动负债排在中间，在企业清算之前不需要偿还的所有者权益项目排在最后。

表4-19

资产负债表

编制单位：　　　　　　　　　　××××年12月31日　　　　　　　　　　单位：元

资产	年初余额（略）	期末余额	负债和所有者权益（或股东权益）	年初余额（略）	期末余额
流动资产			流动负债		
货币资金			短期借款		
交易性金融资产			交易性金融负债		
应收票据			应付票据		
应收账款			应付账款		
预付款项			预收款项		
应收利息			应付职工薪酬		
应收股利			应交税费		
其他应收款			应付利息		
存货			应付股利		
其中：消耗性生物资产			其他应付款		

续表

资产	年初余额（略）	期末余额	负债和所有者权益（或股东权益）	年初余额（略）	期末余额
持有待售资产			持有待售负债		
一年内到期的非流动资产			一年内到期的非流动负债		
其他流动资产			其他流动负债		
流动资产合计			流动负债合计		
非流动资产			非流动负债		
可供出售金融资产			长期借款		
持有至到期投资			应付债券		
长期应收款			长期应付款		
长期股权投资			专项应付款		
投资性房地产			预计负债		
固定资产			递延所得税负债		
在建工程			其他非流动负债		
工程物资			非流动负债合计		
固定资产清理			负债合计		
生产性生物资产			所有者权益（或股东权益）		
油气资产			实收资本（或股本）		
无形资产			资本公积		
开发支出			减：库存股		
商誉			盈余公积		
长期待摊费用			未分配利润		
递延所得税资产			所有者权益（或股东权益）合计		
其他非流动资产					
非流动资产合计					
资产总计			负债和所有者权益（或股东权益）总计		

企业负责人：　　　　主管会计：　　　　制表：　　　　报出日期：××××年　　月　　日

　　（二）资产负债表编制依据及方法

　　资产负债表是反映企业某一特定日期（月末、季末、年末等）财务状况的报表。它是根据"资产＝负债＋所有者权益"这一会计等式，依据一定的分类标准排列顺序，将企业在一定日期的全部资产、全部负债和全部所有者权益项目进行适当分类、汇总、排列后编制而成。

　　资产负债表中的各项目通常需填制"年初数"和"期末数"两栏。其中：资产负债表的"年初数"栏内各数字,应根据上年末资产负债表的"期末数"栏内所列数字填列。资产负债表的"期末数"栏则根据会计报表编制的时间,可填列月末、季末或年末的数字。

资产负债表中的"期末数"栏内各有关数据,主要通过以下几种方式填列:

1. 根据总账账户期末余额直接填列

如"应收票据""短期借款""应付票据""应付职工薪酬""应付股利""应交税费""其他应付款""实收资本""资本公积""盈余公积"等项目。

2. 根据几个总账账户的期末余额分析计算填列

如"货币资金"项目,根据"库存现金""银行存款""其他货币资金"三个总账账户的期末余额的合计数填列。

再如"未分配利润"项目,如果是年中编制资产负债表,需要根据"本年利润"账户的余额减去"利润分配"账户的余额之差填列,未弥补的亏损在本项目内以"一"填列。如果是年末编制资产负债表,可直接根据"利润分配"账户的余额直接填列。

3. 根据明细账账户期末余额直接填列

"预付款项"项目,根据"预付账款"所属明细分类账账户借方余额和"应付账款"所属明细分类账账户借方余额相加之和填列。

"应付账款"项目,根据"应付账款"所属明细分类账账户贷方余额和"预付账款"所属明细分类账账户贷方余额相加之和填列。

"应收账款"项目,根据"应收账款"所属明细分类账账户借方余额和"预收账款"所属明细分类账账户借方余额相加之和,再减去"坏账准备"账户贷方余额填列。

"预收账款"项目,根据"预收账款"所属明细分类账账户贷方余额和"应收账款"所属明细分类账账户贷方余额相加之和填列。

4. 根据总账账户和明细账账户余额分析计算填列

如"长期借款"项目,根据"长期借款"总账账户余额扣除"长期借款"账户所属明细账账户中"一年内到期的长期借款"的金额计算填列。

5. 根据有关账户余额减去其备抵账户余额后的净额填列

如"应收账款"项目,根据"应收账款"所属明细分类账账户借方余额和"预收账款"所属明细分类账账户借方余额相加之和,再减去"坏账准备"账户贷方余额填列。

如"固定资产"项目,根据"固定资产"账户的期末余额减去"累计折旧""固定资产减值准备"等账户余额后的净额填列。

二、利润表编制

(一) 利润表的格式

利润表是反映企业在一定会计期间的经营成果的报表。目前比较普遍的利润表结构有单步式利润表和多步式利润表两种。根据我国《企业会计准则》规定,利润表采用多步式格式。利润表在形式上,分为表头、表体两个部分,表头主要反映利润表的名称、编制单位、编制日期和金额单位;表体反映报告期间的各项收支及利润指标。具体格式见表4-20。

表 4-20

利润表

编制单位： ××××年度 单位：元

项　　目	本期金额	上期金额
一、营业收入		
减：营业成本		
税金及附加		
销售费用		
管理费用		
财务费用		
资产减值损失		
加：公允价值变动收益（损失以"-"号填列）		
投资收益（损失以"-"号填列）		
其中：对联营企业和合营企业的投资收益		
资产处置收益（损失以"-"号填列）		
其他收益		
二、营业利润（亏损以"-"号填列）		
加：营业外收入		
减：营业外支出		
其中：非流动资产处置损失		
三、利润总额（亏损总额以"-"号填列）		
减：所得税费用		
四、净利润（净亏损以"-"号填列）		
（一）持续经营净利润（净亏损以"-"号填列）		
（二）终止经营净利润（净亏损以"-"号填列）		
五、其他综合收益		
……		
六、综合收益总额		
七、每股收益		
（一）基本每股收益		
（二）稀释每股收益		

企业负责人： 　主管会计： 　制表： 　报出日期：××××年　月　日

（二）利润表编制依据及方法

多步式利润表是根据"收入－费用＝利润"这一会计等式，通过多步计算求得多步骤利润。我国企业的利润表形式分为以下三步骤：

第一步，计算营业利润。

营业利润＝营业收入－营业成本－税金及附加－期间费用（销售费用、管理费用、财务费用）＋投资收益＋公允价值变动收益－资产减值损失＋资产处置收益

其中：

$$营业收入＝主营业务收入＋其他业务收入$$
$$营业成本＝主营业务成本＋其他业务成本$$

第二步，计算利润总额。

$$利润总额＝营业利润＋营业外收入－营业外支出$$

第三步，计算净利润。

$$净利润＝利润总额－所得税费用$$

利润表各项目均需填列"本期金额"栏和"上期金额"栏。

"上期金额"栏，根据上年该期利润表的"本期金额"栏内所列数字填列。

"本期金额"栏，除了"基本每股收益"和"稀释每股收益"项目外，应按相关账户的发生额分析填列。如"营业收入"项目，根据"主营业务收入""其他业务收入"账户的发生额分析计算填列；"营业成本"项目，根据"主营业务成本""其他业务成本"账户的发生额分析计算填列。

第五章　会计基本业务综合实训(手工部分)

第一节　实训企业概况

一、企业概况

金华市光大油泵有限公司(厂址：金华市东安路6号,电话：85251622)是浙江省油泵行业重点专业生产企业,企业占地面积为16 430平方米,注册资本金90万元,正式职工400余人,产品为农机和汽车及工程机械配套的油泵。公司设有金工、热锻、油泵三个基本生产车间和一个负责全厂机器修理及设备安装的辅助生产车间。行政管理部门设七科一室,即生产计划科、财务会计科、技术科、供应科、销售科、人事保卫科、行政基建科和办公室。

该企业实行厂部一级核算形式,材料会计编制在仓库。财务会计科在厂长直接领导下,建立岗位负责制。全科共五人,其中科长兼会计主管一人,出纳一人,成本会计一人,销售与利润业务一人,往来结算与资金业务一人。

二、企业基本财务信息

1. 该企业库存现金限额核定为20 000元,开户银行设在金华市工商银行开发区支行,账号为40234,厂长为张良,财务主管为王清风,主办会计王和平。
2. 该企业为一般纳税人,增值税税率为16%,纳税登记号：330714010167421。
3. 企业材料运费按购入材料的数量比例分配。
4. 该企业采用科目汇总表会计核算程序。
5. 损益结转采用"账结法"。
6. 经济业务发生的时间为201×年1月份。
7. 企业所得税率为25%。
8. 该企业采用的银行结算方式见下表。

编码	结算方式	是否进行票据管理
1	支票	否
101	现金支票	否
102	转账支票	否
2	银行汇票	否
3	信汇	否
4	电汇	否

续表

编码	结算方式	是否进行票据管理
5	商业承兑汇票	否
6	银行承兑汇票	否
7	网银	否
8	托收承付	否
9	委托收款	否

第二节 实训材料及任务

一、总账和明细账的期初余额

科目名称(编码)	方向	币别/计量单位	期初余额
库存现金(1001)	借		22 200
银行存款(1002)	借		330 000
应收票据(1121)	借		23 200
宏大公司(112101)	借		23 200
其他应收款(1221)	借		2 000
沈培良(122101)	借		2 000
来方(122102)	借		
在途物资(1402)	借		20 000
A材料(140201)	借		12 000
B材料(140202)	借		8 000
原材料(1403)	借		58 000
A材料(140301)	借	300件	45 000
B材料(140302)	借	100件	13 000
库存商品(1405)	借		130 000
甲商品(140501)	借	600件	90 000
乙商品(140502)	借	400件	40 000
固定资产(1601)	借		885 000
累计折旧(1602)	贷		50 000
短期借款(2001)	贷		90 000
应付账款(2202)	贷		140 000
正方公司(220201)	贷		140 000

续表

科目名称(编码)	方向	币别/计量单位	期初余额
长期借款(2501)	贷		400 000
实收资本(4001)	贷		900 000
盈余公积(4101)	贷		47 400
利润分配(4104)	贷		143 000
未分配利润(410415)	贷		143 000
生产成本(5001)	借		300 000
甲商品(500101)	借		200 000
乙商品(500102)	借		100 000

二、企业 1 月份发生的经济业务说明

1. 1月1日,收到银行通知南方公司(开户行为工商银行,账号 6458),按公司章程投入资本金 180 000 元到账,转账支票编号：044355。

2. 1月2日,向金华市工商银行借入为期 10 个月的借款 40 000 元,存入银行。

3. 1月3日,以现金向金华市福华超市购买办公用品,金额 800 元,行政管理部门当即领用。福华超市开户行为工商银行,账号 6576,纳税登记号为 330114010134561。

4. 1月4日,收到宏大公司(开户行为工商银行,账号为 20059)支付的货税款 23 200 元,已存入银行,结算方式：委托收款,票号 XI03656。

5. 1月5日,向正方公司购入 A 材料 400 件,单价 150 元;B 材料 300 件,单价 100 元,共计货款 90 000 元,增值税 14 400 元,货税款 104 400 元以银行转账支票予以支付。(正方公司开户行为工商行,账号为 9823,纳税登记号为 330114010112982)

6. 1月6日,销售给艺加公司甲商品 300 件,单价 200 元/件;乙商品 250 件,单价 240 元/件,共计货款 120 000 元,增值税 19 200 元,商品已发出,已办妥委托收款手续。(艺加公司开户行为工商银行,账号 2346,纳税登记号为 330110042636791)

7. 1月7日,公司开出一张转账支票(票号：2345678)支付印象公司广告费及增值税共 5 800 元(为推销商品)。

8. 1月8日,销售科职工来方,预借差旅费 1 500 元,用现金支票予以支付。

9. 1月9日,向正方公司购买 A 材料、B 材料验收入库,并用现金支付运费 693 元。

10. 1月10日,从银行提取现金 170 000 元,以备发职工工资。

11. 1月10日,用现金 170 000 元发放职工工资。

12. 1月11日,向正方公司购买 A 材料 600 件,单价 150 元;B 材料 400 件,单价 100 元,货款 130 000 元,增值税 20 800 元,用现金支付运费 297 元,货税款尚未支付,材料已验收入库。

13. 1月12日,销售给达能公司甲商品 950 件,售价 200 元/件;乙商品 400 件,售价 240 元/件,共计货款 286 000 元,增值税 45 760 元,商品已发出,收到一张已承兑为期 3 个月的银行承兑汇票用以结算货款。(达能公司开户行为工商银行江大支行,账号 5623,纳税登记号为

330110042636852)

14. 1月13日,用电汇方式支付上月欠正方公司的材料款及税款140 000元。
15. 1月14日,销售科职工来方出差回来报销差旅费1 000元,交回多余现金500元。
16. 1月15日,收到1月6日销售给艺加公司货物的款项139 200元。
17. 1月16日,签发现金支票从银行提取现金500元备用。
18. 1月17日,向正方公司购入A材料200件,单价150元;B材料500件,单价100元,货款共80 000元,增值税12 800元,用一张商业承兑汇票结算,材料尚未验收入库。
19. 1月18日,销售给艺加公司甲商品300件,单价200元,乙商品500件,单价240元,增值税共为28 800元,收到金额为208 800元的转账支票一张,并办理进账手续。
20. 1月20日,接银行通知支付水费4 500元,增值税率为10%,生产车间和企业管理部门水费按6:4分摊。
21. 1月20日,支付电费12 000元,进项税1 920元,生产车间和企业管理部门电费按6:4分摊。
22. 1月25日,支付本月银行短期借款利息2 000元。
23. 1月25日,企业长期借款利息按月预提,每年付息一次,计提本月利息2 400元。
24. 1月25日,用银行存款交纳本月的增值税40 000元。
25. 1月31日,计提本月固定资产折旧费50 000元,生产车间40 000元,行政管理部门折旧10 000元。
26. 1月31日,本月发出材料费240 000元,其中:甲商品耗用A材料1 100件,计150 000元;乙商品耗用B材料575件,计70 000元;车间一般耗用A材料15 000元,B材料3 000元;厂部耗用B材料2 000元。
27. 1月31日,分配本月职工工资170 000元,其中:生产工人工资104 000元(生产甲商品工时12 000小时,生产乙商品工时8 000小时),车间管理人员工资26 000元,行政管理人员工资40 000元。生产工人工资按产品生产工时比例分配。
28. 1月31日,分配本月制造费用。制造费用按生产甲商品和乙商品的生产工时比例分配。
29. 1月31日,结转本月完工入库产品的生产成本264 800元(其中甲商品168 000元,1 120件;乙商品96 800元,968件)。
30. 1月31日,结转本月已销售产品的生产成本347 500元,其中:甲商品的销售成本为232 500元,1 550件;乙商品的销售成本为115 000元,1 150件。
31. 1月31日,计提本期应交的所得税。
32. 1月31日,期末将损益类账户发生额转入"本年利润"账户。
33. 1月31日,将净利润转入"利润分配"账户。
34. 1月31日,计提本月盈余公积。
35. 1月31日,按规定应向投资者分配股利25 305元。

三、光大油泵有限公司1月份业务的原始凭证(见第七章)

四、综合实训任务

根据1月份业务,要求如下:

1. 根据经济业务提示,填写空白的原始凭证;
2. 编制1月份业务记账凭证;
3. 企业采用科目汇总表核算程序,登记库存现金日记账和银行存款日记账、明细账和总账;
4. 编制1月份资产负债表和利润表;
5. 根据附表1和附表2,对公司银行存款进行清查。

光大油泵有限公司201×年1月银行存款日记账(见附件表1)与银行对账单(见附件表2),经核对双方账簿记录均无差错。要求:

(1) 将银行存款日记账与银行对账单进行核对,找出未达账项;

(2) 编制201×年1月的银行存款余额调节表(见附件表3),确定该企业的银行存款实有余额。

第六章 会计基本业务综合实训（会计电算化部分）

第一节 总 论

一、基础会计学模拟实训的目的

第一，在完成手工会计模拟实训的基础上，将原手工模拟实训会计业务应用通过财务软件进行实际业务处理，初步掌握电算化环境下基础档案的设置、初始数据的录入、记账凭证的填制、审核、修改、删除，学会记账的操作，并能利用报表模板掌握编制资产负债表和利润表的技能。

第二，在计算机环境下，在会计核算实际操作的过程中，要把具体操作核算步骤同所学的会计基本理论、基本知识结合起来，分析电算化环境与手工环境下会计处理的相同点和不同点。通过实训操作、发现问题、分析问题，进而解决问题，为今后进一步学习会计专业知识，并为将来能更好地适应实际工作奠定坚实的基础。

第三，通过该课程的实训，为初步培养一名合格会计人员所具备的会计电算化的初步技能打下牢固基础。具体包括：坚持原则，实事求是，严格按照财务制度规定正确录入每笔会计事项；刻苦钻研，勇于思考，不断提高知识水平和业务能力；认真细致，一丝不苟，兢兢业业地做好每一项工作；不怕困难，任劳任怨，正视顺利与曲折；团结互助，密切合作，正确处理工作岗位之间的关系；解放思想，勇于开拓，不断探索新情况、解决新问题。

二、基础会计学模拟实训（会计电算化部分）的基本要求

第一，以模拟企业实际发生的经济业务作为实训内容。实训时间为12学时，安排在《基础会计手工会计模拟》讲授完之后进行。各校可按具体情况灵活安排。

第二，基础会计电算化实训中使用的会计凭证、会计账簿和会计报表均按会计软件预置的会计准则和制度规定的标准规范格式。

第三，进行会计电算化模拟实训的学生，应以端正、认真的态度，高度的责任心，进入实训角色，并在实训指导教师的安排和指导下，严格按会计软件规定的实训操作程序进行，精益求精、保质保量地在规定的时间内圆满完成实训任务。

第四，实训完毕，参加实训的学生上交电子版的账套数据和报表文件，由实训指导教师根据实训学生实训任务的完成情况，客观公正地评定出实训成绩。

第二节 会计电算化基础设置

一、模拟实验资料

(一) 增加用户(以系统管理员身份操作)

(二) 建立账套(以系统管理员身份操作)

(三) 设置结算方式(以账套主管001身份操作)

编码	结算方式	是否进行票据管理	编码	结算方式	是否进行票据管理
1	支票	否	5	商业承兑汇票	否
101	现金支票	否	6	银行承兑汇票	否
102	转账支票	否	7	网银	否
2	银行汇票	否	8	托收承付	否
3	信汇	否	9	委托收款	否
4	电汇	否			

(四) 增加会计科目

应收票据/达能公司(112101)

应收票据/宏大公司(112102)

应收账款/艺加公司(112201)

在途物资/A材料(140201)

在途物资/B材料(140202)

应付票据/正方公司(220101)

应交税费/应交增值税(222101)

应交税费/应交增值税/进项税额(22210101)

应交税费/应交增值税/销项税额(22210102)

应交税费/应交增值税/已交税金(22210103)

应交税费/应交所得税(222106)

利润分配/提取盈余公积(410401)

利润分配/分配股利(410403)

利润分配/未分配利润(410415)

原材料/A材料(140301),账页格式:数量金额式,计量单位:件。

原材料/B材料(140302),账页格式:数量金额式,计量单位:件。

其他应收款/沈培良(122101)

其他应收款/来方(122102)

库存商品/甲商品(140501),账页格式:数量金额式,计量单位:件。

库存商品/乙商品(140502),账页格式:数量金额式,计量单位:件。

生产成本/甲商品(500101)

生产成本/乙商品(500102)
管理费用/办公费(660201)
管理费用/工资(660202)
管理费用/折旧费(660203)
管理费用/水电费(660204)
管理费用/其他费用(660205)
销售费用/广告费(660101)
销售费用/差旅费(660102)
生产成本/甲商品(500101)
生产成本/乙商品(500102)

（五）录入期初余额并试算平衡

科目名称(编码)	方向	币别/计量单位	期初余额
库存现金(1001)	借		22 200
银行存款(1002)	借	日记账银行账	330 000
应收票据(1121)	借		23 200
宏大公司(112101)	借		23 200
其他应收款(1221)	借		2 000
沈培良(122101)	借		2 000
来方(122102)	借		
在途物资(1402)	借		20 000
A材料(140201)	借		12 000
B材料(140202)	借		8 000
原材料(1403)	借		58 000
A材料(140301)	借	300件	45 000
B材料(140302)	借	100件	13 000
库存商品(1405)	借		130 000
甲商品(140501)	借	600件	90 000
乙商品(140502)	借	400件	40 000
固定资产(1601)	借		885 000
累计折旧(1602)	贷		50 000
短期借款(2001)	贷		90 000
应付账款(2202)	贷		140 000
正方公司(220201)	贷		140 000
长期借款(2501)	贷		400 000
实收资本(4001)	贷		900 000
盈余公积(4101)	贷		47 400
利润分配(4104)	贷		143 000
未分配利润(410415)	贷		143 000
生产成本(5001)	借		300 000
甲商品(500101)	借		200 000
乙商品(500102)	借		100 000

(六)凭证类别资料(如表 6-1 所示)

表 6-1　　　　　　　　　　　　　　凭证类别

类型	限制类型	限制科目
收款凭证	借方必有	1001,1002
付款凭证	贷方必有	1001,1002
转账凭证	凭证必无	1001,1002

二、实训指导

(一)以系统管理员的身份登录系统管理

1. 单击"开始/程序/用友 ERP-U8/系统服务/系统管理",打开"系统管理"窗口,如图 6-1 所示。

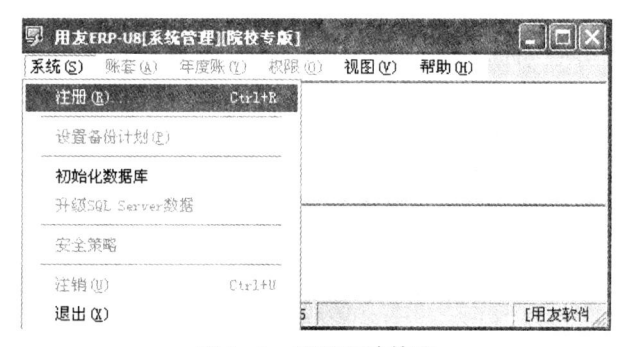

图 6-1　登录系统管理

2. 执行"系统/注册"命令,打开"登录"系统管理对话框,如图 6-2 所示。

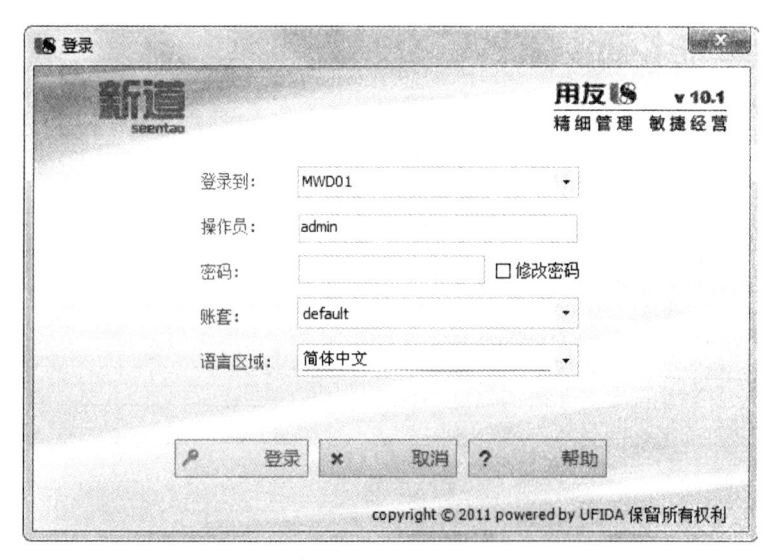

图 6-2　系统管理对话框

(二) 增加用户(设置操作员)

1. 以 admin 身份注册登录"系统管理"后,执行"权限/用户"命令,打开"用户管理"对话框,如图 6-3 所示。

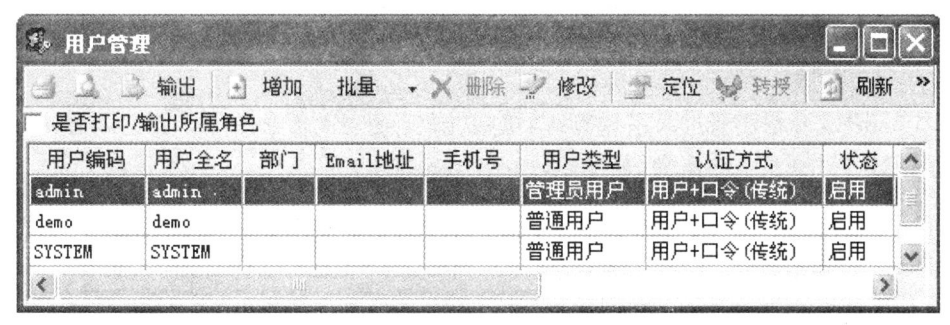

图 6-3 用户管理对话框

2. 单击"增加"按钮,打开"增加用户"对话框,录入编号"001"、姓名"王关清"、不设置口令,选中所属角色"账套主管"复选框,如图 6-4 所示。

图 6-4 增加用户对话框

3. 单击"增加"按钮,再设置用户"002 王和平",设置完成后单击"关闭"按钮退出。

【注意】
- 在增加用户时可以直接指定用户所属的角色,实验过程中增加用户"赵琳"时直接进行角色设置,其他用户一律先不进行角色设置。
- 已设置用户为"账套主管"角色,则此用户也是系统内所有账套的账套主管。
- 用户已被启用将不允许删除。

(三)建立账套

1. 以 admin 身份注册进入系统管理,执行"账套/建立"命令,打开"创建账套——建账方式"对话框,选择"新建空白账套"复选框,如图 6-5 所示。

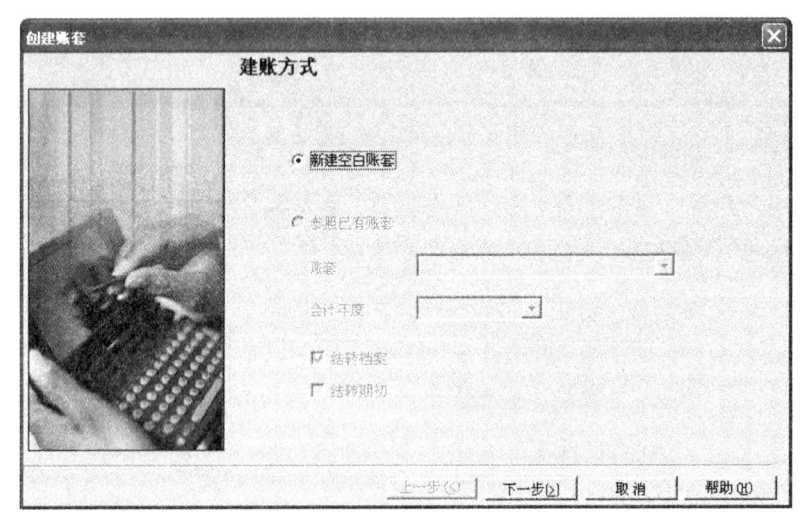

图 6-5 建账方式对话框

2. 单击"下一步"按钮,打开"账套信息"对话框。录入账套号"999",账套名称"金华市光大泵业有限公司";启用会计期"2019 年 1 月",如图 6-6 所示。

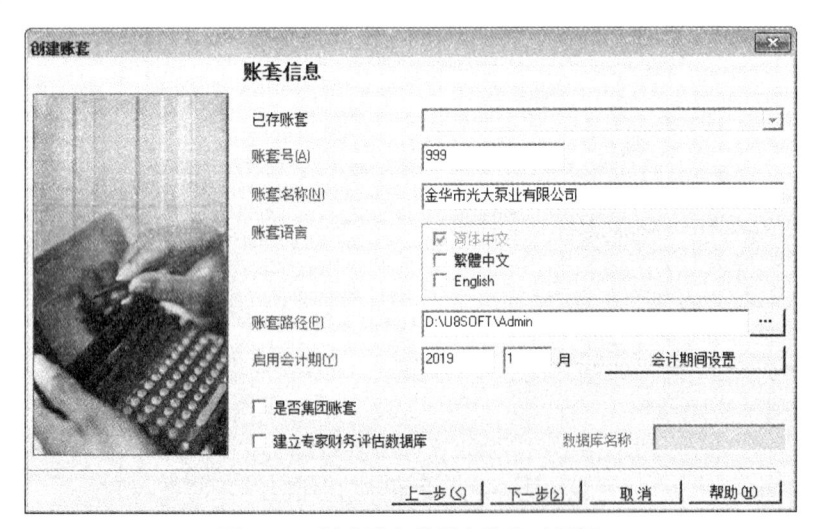

图 6-6 创建账套的账套信息对话框

3. 单击"下一步"按钮,打开"单位信息"对话框。

4. 录入单位信息,如图6-7所示。

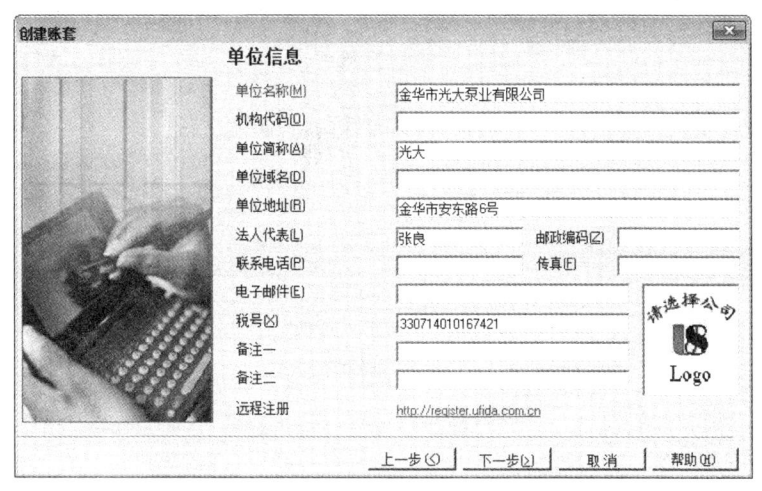

图6-7 创建账套的单位信息对话框

【注意】
- 只有系统管理员可以建立企业账套,建账过程在建账向导引导下完成。
- 单位信息中只有"单位名称"是必须录入的,必须录入的信息以蓝色字体标识。
- 账套路径为存储账套数据的路径,可以修改。
- 启用会计期为启用财务软件开始处理会计业务的日期;启用会计期不能在系统日期之后。

5. 单击"下一步"按钮,打开"核算类型"对话框。
6. 企业类型选"工业",行业性质选"2007年新会计制度科目",单击"账套主管"栏下的三角按钮,选择"001王关清",其他采用系统默认,如图6-8所示。

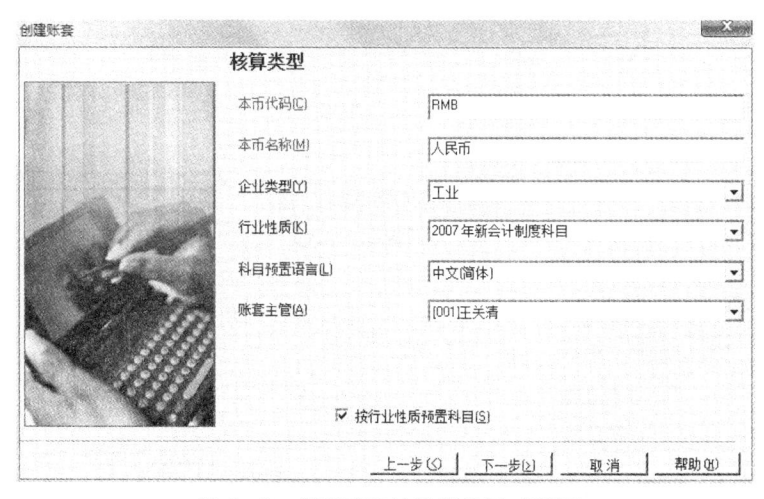

图6-8 创建账套的核算类型对话框

【注意】
- 行业性质的选择决定着系统为该账套预置的会计科目内容等信息。

● 建账时可在此界面选择账套主管,也可以在建账完成时再到"权限"功能中设置账套主管。

● 如果选择了按行业性质预置科目,系统会自动装入所选择会计准则、会计制度中规定的一级科目。

7. 单击"下一步"按钮,打开"基础信息"对话框,选中"存货是否分类""客户是否分类""供应商是否分类"前的复选框,如图6-9所示。

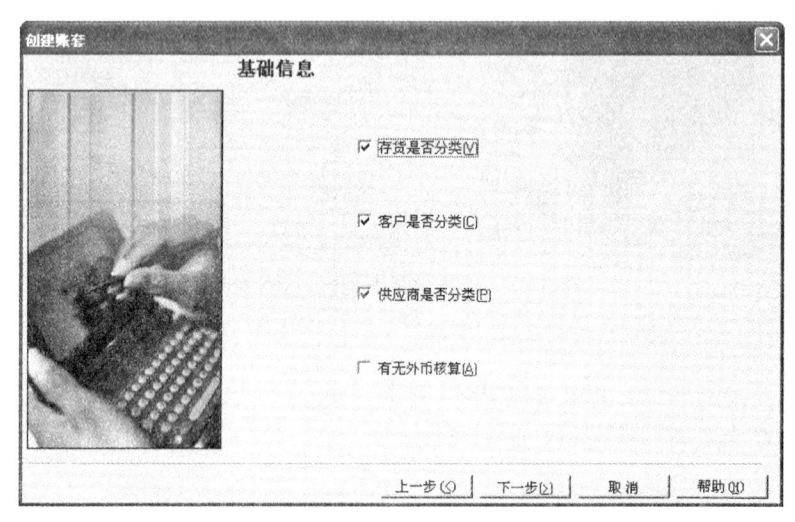

图6-9 创建账套的基础信息对话框

8. 单击"下一步"按钮,系统进入"创建账套——开始"对话框,单击"完成"按钮,系统提示"可以创建账套了么?",单击"是"按钮,如图6-10所示。

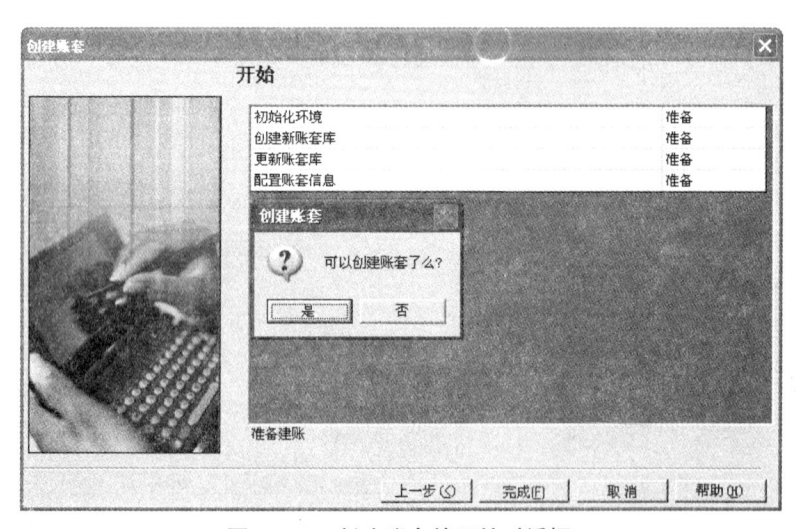

图6-10 创建账套的开始对话框

9. 单击"完成"按钮,稍候,打开"分类编码方案"对话框。

10. 将科目编码级次修改为 4222，其他编码默认系统设置，如图 6-11 所示。

图 6-11 创建账套的分类编码方案对话框

【注意】
- 编码方案的设置会直接影响基础设置中相应内容的编码和每级编码的位长。
- 删除编码级次时，必须从最后一级编码开始逐级删除，不允许越级删除。
- 分类编码方案设置有错误，"账套主管"可通过"修改账套"的方法进行修改。

11. 单击"确定"按钮，再单击"取消"按钮，打开"数据精度"对话框，如图 6-12 所示。

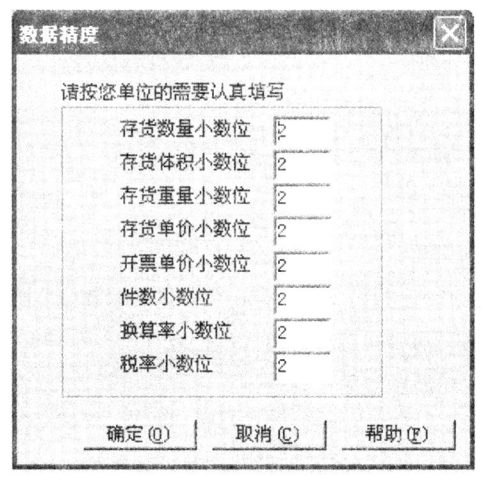

图 6-12 创建账套的数据精度对话框

12. 默认系统预置的数据精度的设置,不需修改,单击"确定"按钮。稍等片刻,系统弹出信息提示框,如图6-13所示。

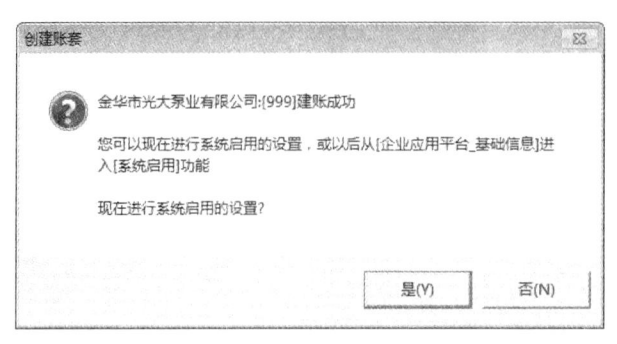

图6-13 是否启用账套提示框

13. 单击"是"按钮,系统打开"系统启用"对话框,选中"GL总账"前的复选框,弹出"日历"对话框。

14. 选择"日历"对话框中的"2019年1月1日",单击"确定"按钮,系统弹出"确实要启用当前系统吗?"信息提示框,如图6-14所示。

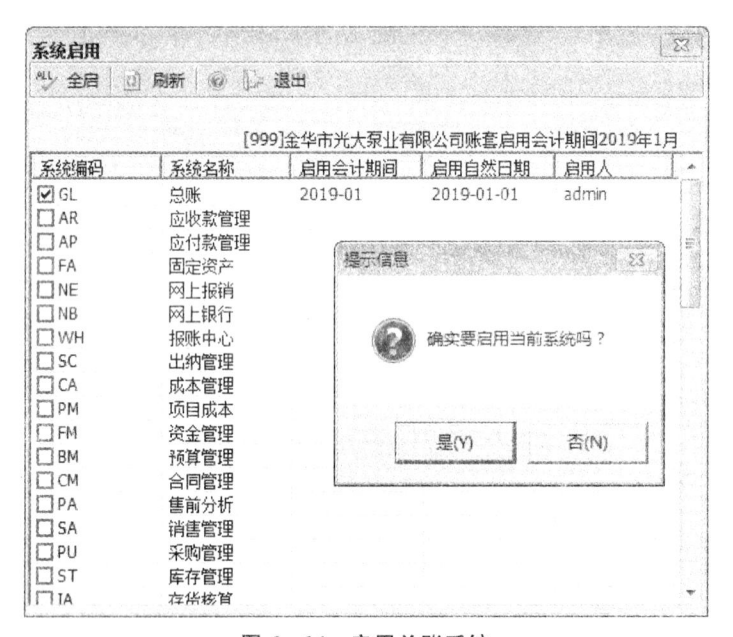

图6-14 启用总账系统

15. 单击"是"按钮,结束建账过程,系统弹出"请进入企业应用平台进行业务操作!"提示,单击"确定"按钮,再单击"退出"按钮,返回系统管理界面。

(四)设置操作员"002王和平"权限

1. 在系统管理中,以admin的身份,执行"权限/权限"命令,打开"操作员权限"对话框。在"操作员权限"左侧窗口中,选项中"002"号操作员"王和平",单击"修改"按钮。

2. 在"显示所属权限"框中,单击"财务会计/总账"前的复选框,设置其拥有总账系统的全部权限。

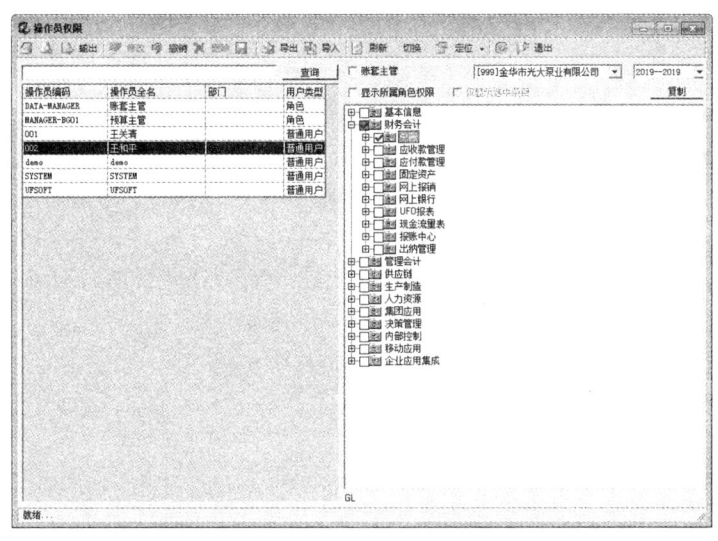

第六章　会计基本业务综合实训(会计电算化部分)　　89

图 6‑15　用户"002 王和平"的权限设置

3. 单击的"保存"按钮,再单击"退出"按钮,返回系统管理界面。

【注意】

● 在"增加和调整权限"对话框中,单击每一个权限前的加号,可以列示该权限的明细权限,用户可以根据需要增加或修改明细权限。

● 系统默认账套主管拥有全部系统的操作权限,一般操作员不能进行增加和删除权限的操作。

(五)设置结算方式

1. 以"001"(进入时间:2019 年 1 月 1 日)身份进入"企业应用平台"中的"基础设置"选项卡中,执行"基础档案/收付结算/结算方式"命令,进入"结算方式"对话框。

2. 单击"增加"按钮,录入结算方式编码"1",录入结算方式名称"支票",单击"保存"按钮,如图 6‑16 所示。

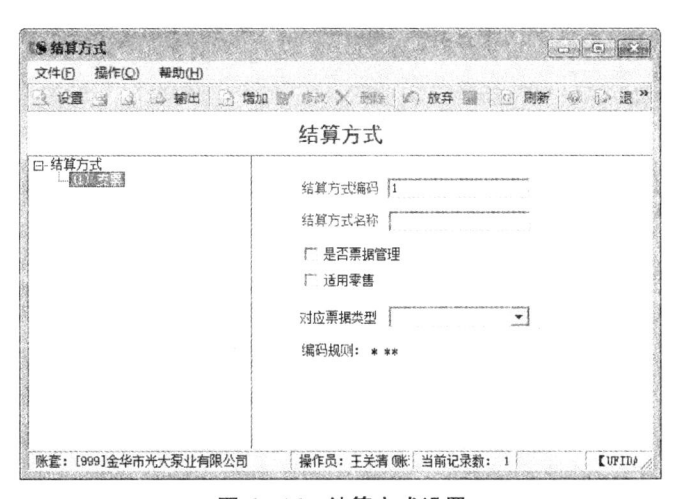

图 6‑16　结算方式设置

3. 同理录入其他结算方式编码和结算方式名称。

4. 单击"退出"按钮。

（六）增加会计科目

1. 执行"基础设置/基础档案/财务/会计科目"，在"会计科目"窗口中，单击"增加"按钮，打开"新增会计科目"对话框。

2. 录入科目编码"112101"，科目名称"达能公司"，科目性质"资产"，账户格式"金额式"，如图6-17所示。

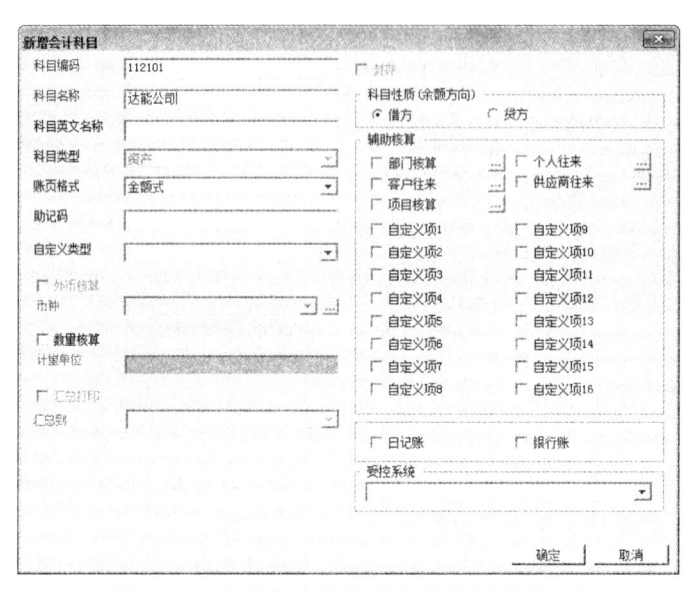

图6-17　新增会计科目(应收票据/达能公司)

3. 输入完成后，单击"确认"按钮，该科目即存入系统。

4. 如果需要继续增加会计科目，可以单击"增加"按钮，录入科目编码"140301"，科目名称"A材料"，科目类型"资产"，账户格式"数量金额式"，勾选"数量核算"前的复选框，在计量单位处录入"件"，如图6-18所示。

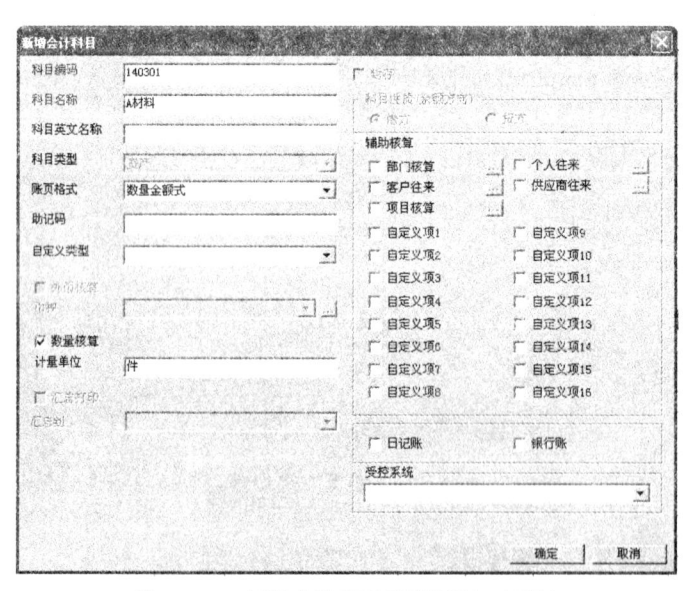

图6-18　新增会计科目(原材料/A材料)

5. 录入完毕后,单击对话框右上角的"关闭"按钮返回。

（七）指定银行科目

1. 选择"企业应用平台"中的"基础设置"选项卡,执行"基础档案/财务/会计科目"命令,进入"会计科目"窗口。

2. 执行"编辑"菜单下的"指定科目"命令,打开"指定科目"对话框。

3. 选择"银行科目",单击">"按钮,将"1002 银行存款"从"待选科目"窗口选入"已选科目"窗口,如图 6-19 所示。

4. 单击"确定"按钮。

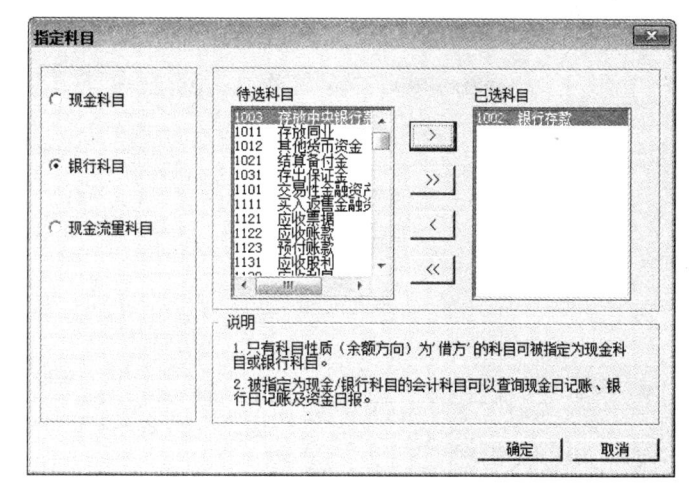

图 6-19 指定银行存款为银行科目

（八）录入期初余额并试算平衡

1. 执行"业务工作/财务会计/总账/设置/期初余额",进入"期初余额录入"窗口。

2. 双击"112201 应收账款/宏大公司"所在行的"期初余额"栏,录入"23 200",按回车键或者单击其他单元格。

3. 在"原材料/A 材料"所在行录入金额"45 000",下一行录入"300",如图 6-20 所示。

图 6-20 录入期初余额

4. 录入所有余额后,单击"试算"按钮,可查看期初余额试算平衡表,如图 6-21 所示,检查余额是否平衡。

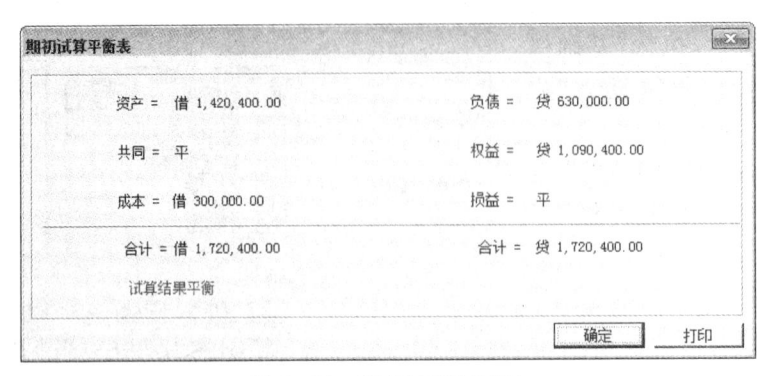

图 6-21 期初试算平衡表

(九)设置凭证类型

1. 在"基础设置"选项卡中,执行"基础档案/财务/凭证类别"命令,进入"凭证类别预置"对话框。

2. 选中"收款凭证 付款凭证 转账凭证"前的单选按钮,如图 6-22 所示。

3. 单击"确定"按钮,打开"凭证类别"对话框。

4. 单击"修改"按钮,双击"收款凭证"所在行的"限制类型"栏,出现下三角按钮,从下拉列表中选择"借方必有",在"限制科目"栏录入"1001,1002",或单击限制科目栏参照按钮,分别选中"1001,1002",同理完成对付款凭证和转账凭证的限制类型和限制科目的设置,如图 6-23 所示。

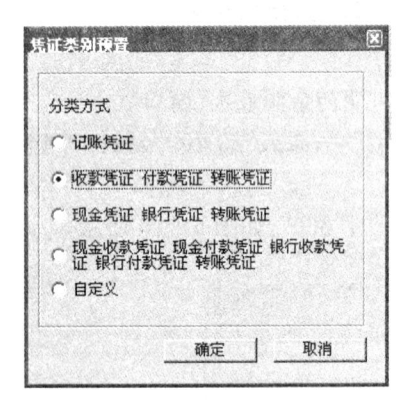

图 6-22 凭证类别预置

图 6-23 凭证类别限制科目设置

5. 单击"退出"按钮。

【注意】
● 已使用的凭证类别不能删除,也不能修改此凭证类别。
● 如果直接录入科目编码,则编码间的标点符号应为英文状态下的标点符号,否则系统会提示科目编码有错误。

- 填制记账凭证时,如果不符合凭证类别限制科目设置中的限制条件,系统拒绝保存。
- 可以通过凭证类别列表右侧的上、下箭头按钮调整明细账中凭证的排列顺序。
- 记账凭证类别设置错误,在所设置凭证类别未使用的情况下,可以将所设置的凭证类别全部删除,再重新进入"凭证类别"菜单设置正确的凭证类别。

(十)账套输出

1. 在硬盘(如 E 盘)中建立"999 账套备份"文件夹,再在"999 账套备份"文件夹中新建"1-1 系统管理"文件夹。
2. 以 admin 身份注册进入"系统管理"窗口,选择"账套/输出"命令,进入"输出账套"对话框。
3. 单击"账套号"栏的下三角按钮,选择"999 光大油泵有限公司",撤销"同步输出文件服务器相关文件"前的复选框。
4. 单击"确认"按钮,打开"选择备份目标"对话框。
5. 指出账套输出的位置,选择"E:\999 账套备份\1-1 系统管理"文件夹,单击"确定"按钮。
6. 系统进行账套数据备份,完成后,弹出"输出成功"信息提示框。

(十一)账套输出与账套引入

1. 在"系统管理"窗口,执行"账套/引入",进入"引入账套"对话框。
2. 选择"E:\999 账套备份\1-1 系统管理"文件夹,将光标定位在"uferpact.lst"文件上。
3. 单击三次"确定"按钮,完成账套数据的引入。

【注意】

- 高校教学实验室的计算机一般设置了硬盘自动恢复功能,因此,学生完成一个实验后应将备份的账套数据文件复制到自己的移动存储设备中保存,称为账套输出。
- 每次实验开始时,需将移动存储设备上的账套数据文件复制教学实验室的电脑硬盘中,以系统管理员 admin 的身份将上一次实验数据引入用友软件之中,称为账套引入。

第三节 日常会计业务处理

一、模拟实验资料

1. 录入记账凭证
2. 删除记账凭证
3. 凭证审核
4. 凭证记账

二、实训操作指导

(一)填制记账凭证

以"002 王和平"身份进入企业应用平台,填制下列记账凭证,注意记账凭证的日期按业务发生的日期,该企业记账凭证类型有收款凭证、付款凭证和转账凭证 3 种类型,注意区分。如图 6-24 所示,选择"登录"按钮。

图 6-24 登录企业应用平台

第 1 笔业务操作流程：

1. 在"业务工作"选项卡中，执行"财务会计/总账/凭证/填制凭证"命令，如图 6-25 所示。

2. 进入"填制凭证"窗口，单击"增加"按钮或者按 F5 键。

3. 单击凭证类别的参照按钮，选择"收款凭证"，将"制单日期"改修为"2019.01.01"，如图 6-26 所示。

4. 附件单据张数录入"2"。

5. 按回车键或者单击"摘要栏"，在摘要栏录入"收到投资款"。

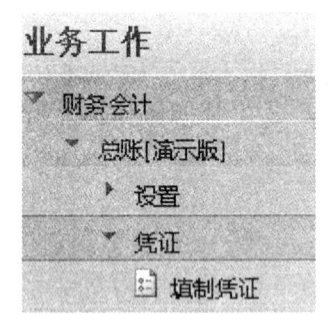

图 6-25 填制凭证菜单

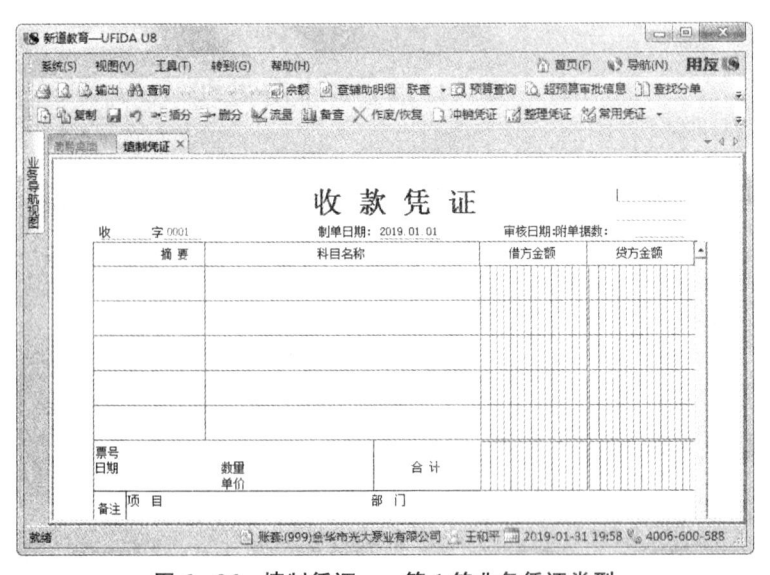

图 6-26 填制凭证——第 1 笔业务凭证类型

第六章 会计基本业务综合实训(会计电算化部分)

6. 按回车键,或用鼠标单击"科目名称"栏,单击科目名称栏的参照按钮(或按 F2 键),选择"资产"类科目"1002 银行存款",如图 6-27 所示,或者直接在科目名称栏录入"1002",按回车键确定。

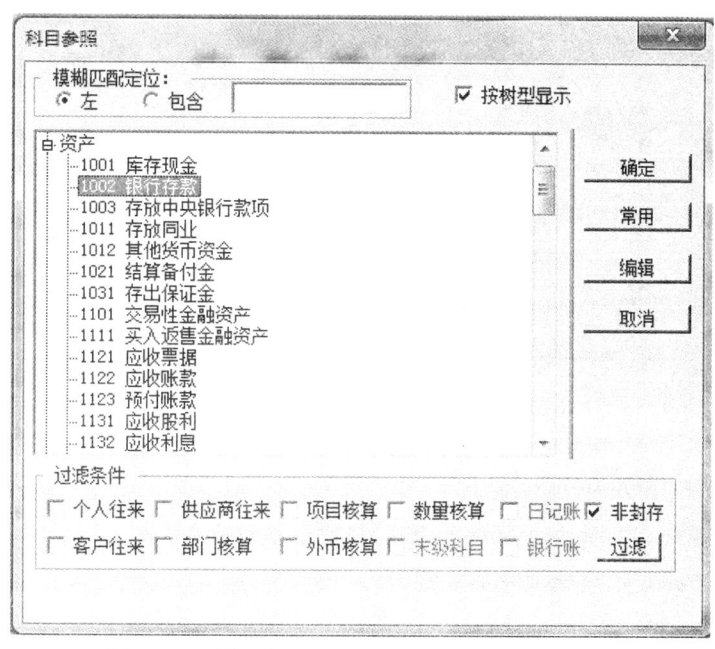

图 6-27 填制凭证——第 1 笔业务参照选择科目

7. 该行填入银行存款科目后自动弹出银行账"辅助项"窗口,在"结算方式"处参照选择"102 转账支票",在"票号"处填入"044355","发生日期"按自动赋值的"2019.01.01"即可,如图 6-28 所示。单击"确定"按钮返回。

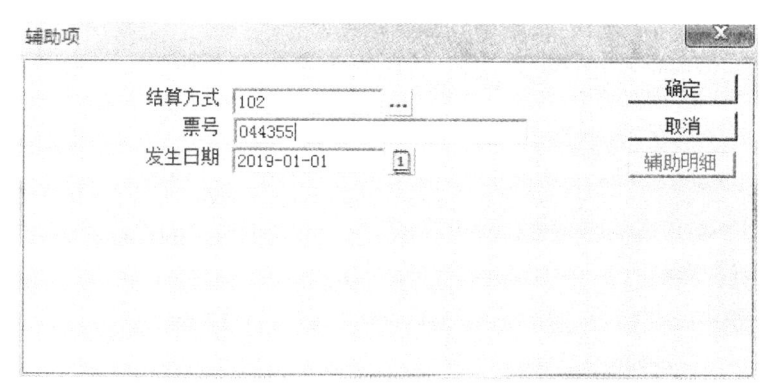

图 6-28 填制凭证——第 1 笔业务银行账辅助项窗口

8. 按回车键或用鼠标单击"借方金额"栏录入"180 000",按回车键确认。

9. 在第二行,同样方法在科目名称栏录入"4001 实收资本",在"贷方金额"栏录入"180 000",按回车键。

10. 单击"保存"按钮,系统弹出"凭证已成功保存!"信息提示框,单击"确定"按钮返回,如图 6-29 所示。

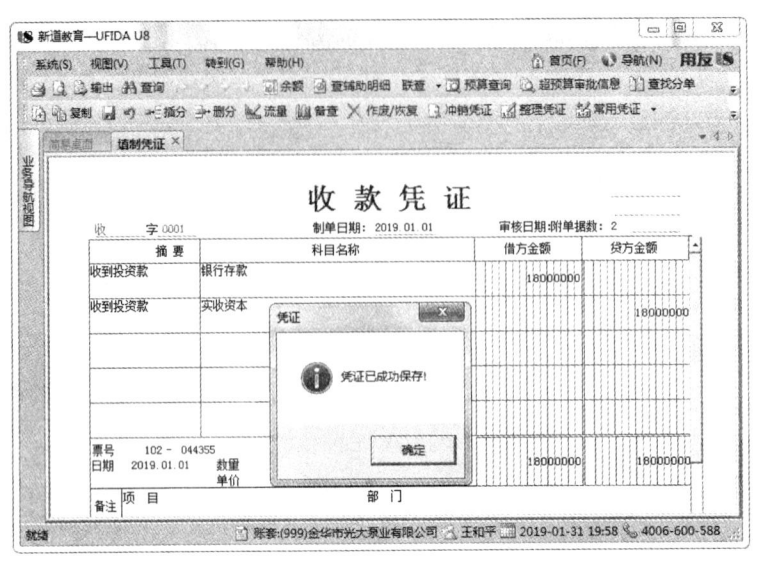

图6-29　填制凭证——第1笔业务完成

【注意】
- 如果凭证中的金额借贷方向需要调整,可按空格键改变金额方向。
- 凭证日期应满足总账选项中的设置,如果默认系统的中的选项设置,系统不允许凭证日期"倒流"。
- 凭证填制完成后,可以单击"保存"保存凭证,也可以单击"增加"增加凭证。
- 凭证"审核"前可以直接修改或者删除,审核后的凭证、记账前的凭证发现有错误,取消审核后可以修改或者删除。

(二)删除记账凭证(如删除第二张收款凭证)

1. 由操作员"002王和平"执行"凭证/填制凭证"命令,进入"填制凭证"窗口。
2. 单击"上张""下张"按钮,找到第2号收款凭证。
3. 单击工具条中的"作废/恢复"按钮,将该张凭证打上"作废"标志,如图6-30所示。

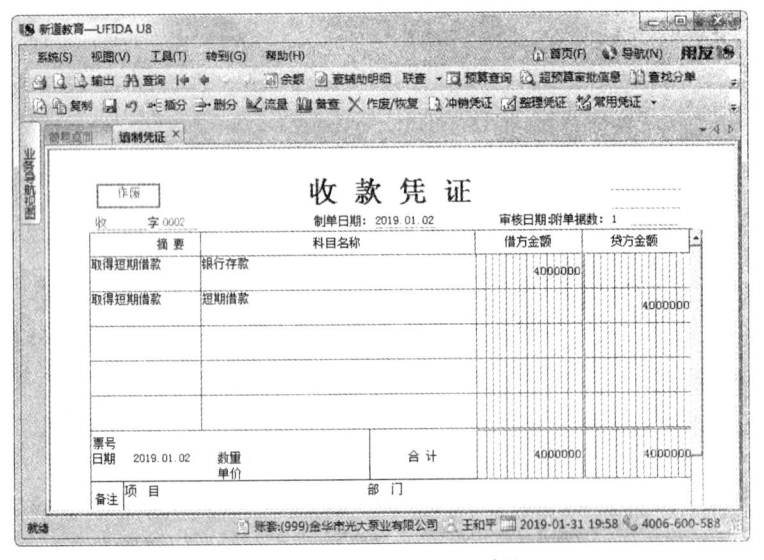

图6-30　作废付0002号凭证

4. 单击工具条中的"整理凭证"命令,选择凭证期间"2019.01",单击"确定"按钮,打开"作废凭证表"对话框。

5. 双击"作废凭证表"中的"删除"栏,出现"Y"字符,如图6-31所示。

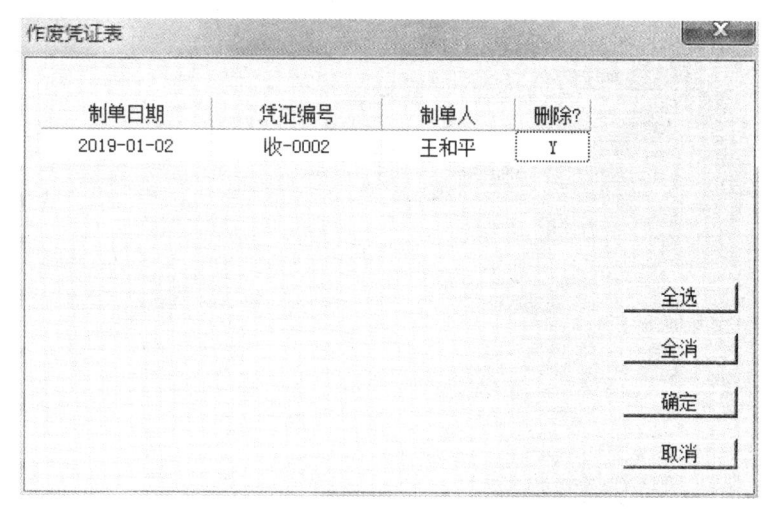

图6-31 选择需要彻底整理删除的已作废凭证

6. 单击"确定"按钮,系统弹出"是否还需整理凭证断号"信息提示框,如图6-32所示。

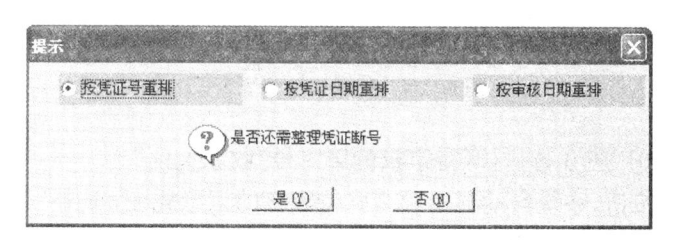

图6-32 是否整理凭证断号提示框

【注意】
● 未审核凭证可直接删除,出纳已审核、签字或主管已签字的凭证不能直接删除,必须取消所有人的签字才可删除。
● 如果要删除凭证,必须先进行"作废"操作,然后再进行通过整理凭证进行删除。
● 已作废凭证,可以单击"作废/恢复"按钮,取消"作废"标志。

(三)审核记账凭证

1. 重新注册,更换操作员为"001王清风"。

2. 执行"财务会计/总账/凭证/审核凭证"命令,打开"凭证审核"查询条件对话框,如图6-33所示。

3. 单击"确定"按钮,进入"凭证审核"列表窗口,光标定位在

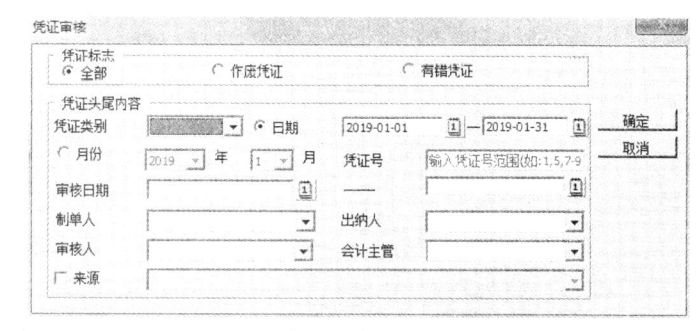

图6-33 凭证审核查询条件对话框

"收-0001"所在行,如图 6-34 所示。

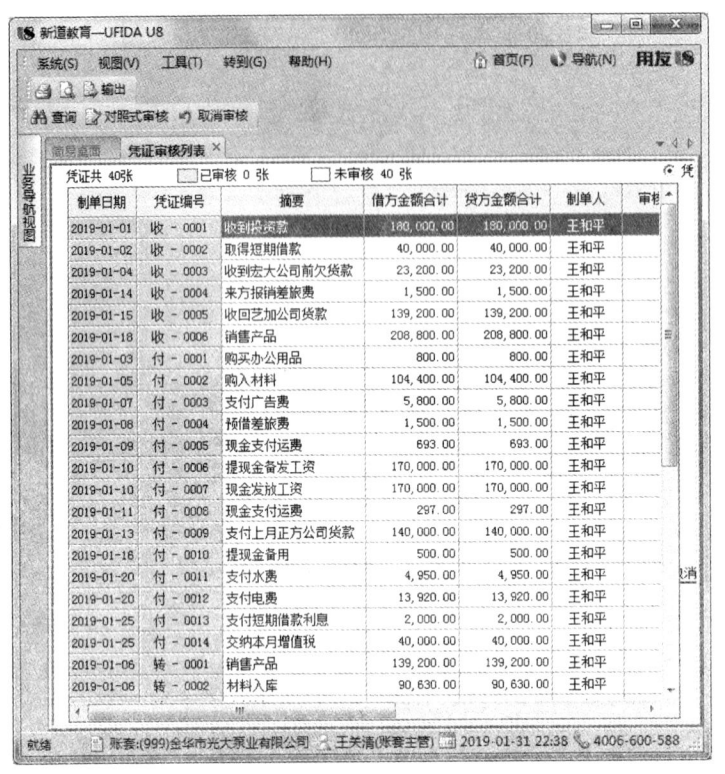

图 6-34 凭证审核列表窗口

4. 双击"收-0001"所在行,打开待审核的第 1 号"收款凭证"。

5. 单击"审核"按钮,系统自动显示第 2 张待审核的记账凭证,单击"上一张"按钮,屏幕显示第 1 号收款凭证审核完成,如图 6-35 所示。

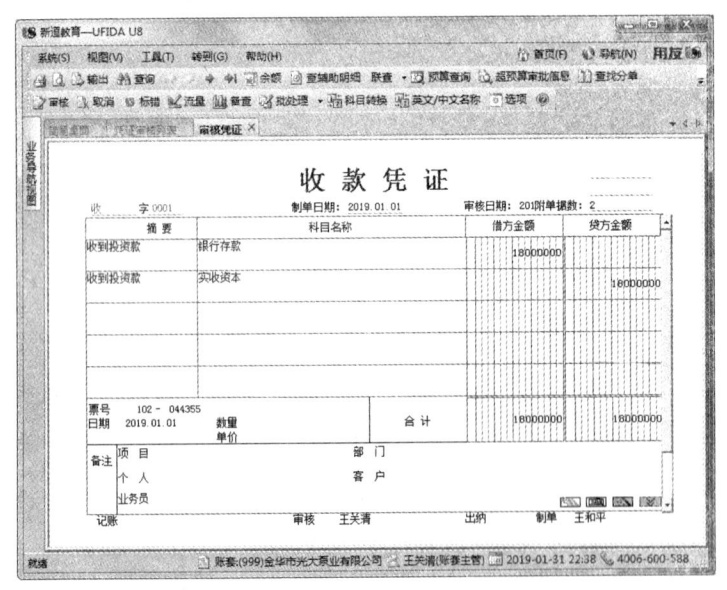

图 6-35 收 0001 号凭证审核完成

6. 也可以进行成批审核,方法是打开"批处理/成批审核凭证"工具条,屏幕显示如图 6-36 所示。

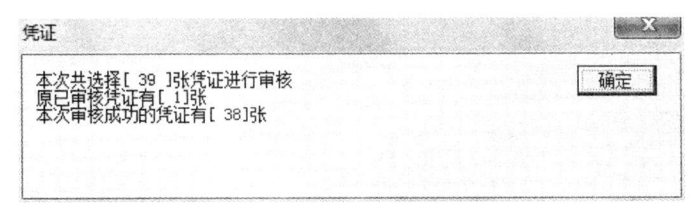

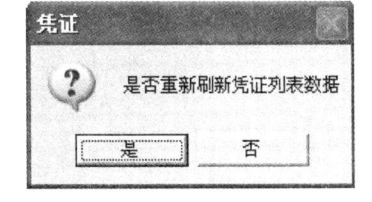

图 6-36　成批审核凭证提示

图 6-37　刷新凭证列表数据选择

7. 单击"确定"按钮,系统显示"是否重新刷新凭证列表数据"如图 6-37 所示。单击"是"按钮,完成记账凭证的审核,单击"退出"按钮返回。

【注意】
● 系统要求制单人和审核人不能是同一人,如果是,则应更换操作员审核凭证。
● 凭证审核的操作权限首先在"系统管理"的权限中进行授权,其次还要查看"总账系统/选项"中是否设置了"凭证审核控制到操作员"的选项,如果设置了该选项,则应继续设置审核的明细权限,即"数据权限"中的"用户"权限,只有在"数据权限"中设置了该用户有权审核其他某一用户所填凭证的权限,该用户才真正拥有了审核凭证的权限。
● 已审核凭证不能直接修改,只有在取消审核后进入"凭证/填制凭证"功能,才可修改。

（四）记账

1. 由操作员"001 王清风"执行"凭证/记账"命令,打开"记账——选择本次记账范围"对话框,选择"2019.01 月份凭证",记账范围为"全选",如图 6-38 所示。

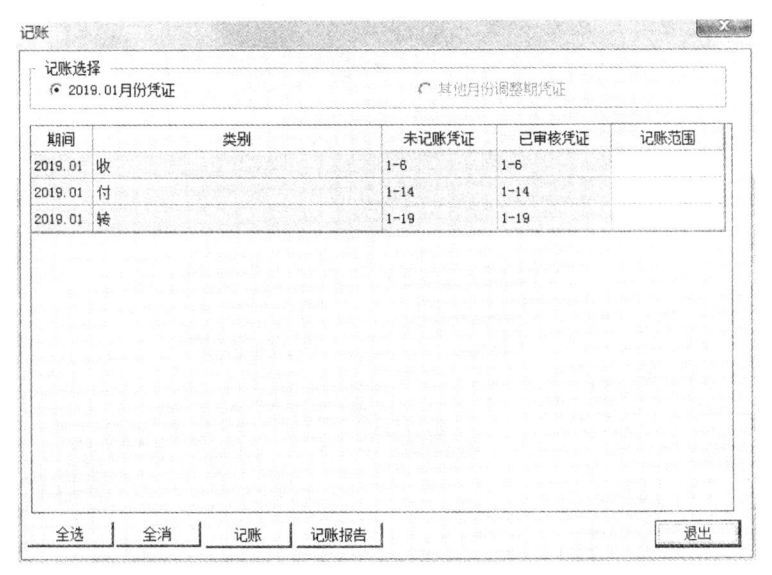

图 6-38　记账凭证范围选择

2. 单击"记账"按钮,系统打开"期初试算平衡表"对话框。
3. 单击"确定"按钮,系统自动进行记账,记账完毕后,系统弹出"记账完毕"提示框,如图 6-39 所示。

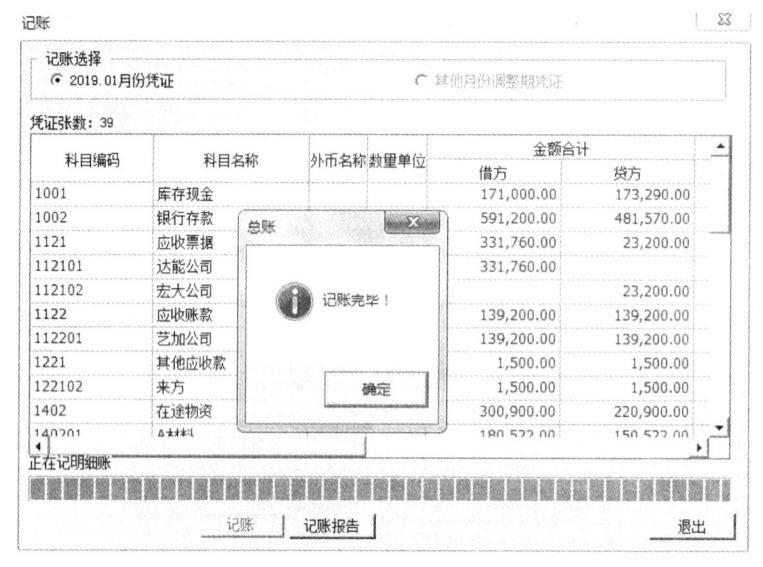

图 6-39 记账完毕提示框

4. 单击"确定"按钮,再单击"退出"按钮。

【注意】
- 存在下列两种情况不允许进行本月记账:期初余额试算不平衡;上月未结账。
- 未审核的记账凭证不能进行记账。
- 记账条件中不输入记账范围,系统默认为所有记账凭证。
- 记账后不能整理记账凭证断号。
- 已记账的记账凭证不能在"填制凭证"功能中查询。
- 可以取消记账,取消记账只能由账套主管进行。方法是以账套主管身份注册,进入总账系统→【期末】→双击【对账】并将光标定位在"2019.01"行→按 CTRL+H 键→【确定】→【退出】→返回总账系统界面→【凭证】菜单→【恢复记账前状态】→选择恢复方式→【确定】→【确定】→输入主管口令,系统恢复记账后返回总账系统界面。

第四节 UFO 报表编制实训

一、建立"资产负债表"

1. 在 UFO 报表系统中,执行"文件/新建"命令,进入"格式"状态窗口。

2. 执行"格式/报表模板"命令,打开"报表模板"对话框。

3. 单击"您所在的行业"栏的下三角按钮,选择"2007新会计制度科目",再单击"财务报表"的下三角按钮,选择"资产负债表",如图 6-40 所示。

4. 单击"确认"按钮,系统出现提示"模板格式将覆盖本表格式!是否继续?"的信息提示框,如图 6-41 所示。

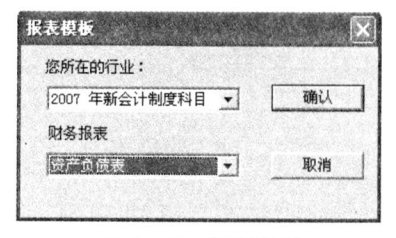

图 6-40 报表模板

图 6-41 模板格式覆盖提示框

5. 单击"确定"按钮,系统打开按"2007年新会计制度科目"设置的"资产负债表"模板。
6. 将 G35 公式修改为计算公式。

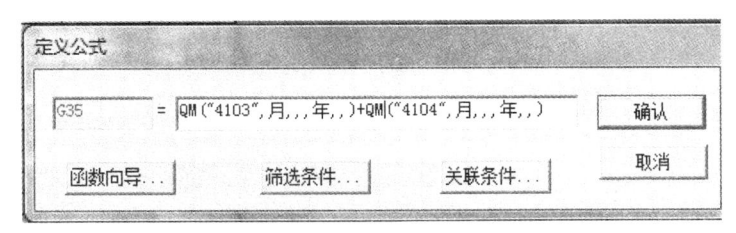

图 6-42 修改公式

【注意】
● 在调用报表模板时一定要正确选择所在行业相应的会计报表,不同行业的会计报表其内容不同。
● 如果被调用的报表模板与实际需要的报表格式或公式不完全一致,可以在原模板的基础上进行适当的修改。
● 用户可以根据本单位的实际需要定制报表模板,并将自定义的报表模板加入系统提供的模板库中,可以对其进行修改、删除等操作。

二、设置关键字

1. 在报表"格式"状态窗口中,单击选中 A3 单元,将"编制单位"删除。
2. 在 A3 单元,执行"数据/关键字/设置"命令,打开"设置关键字"对话框。
3. 设置关键字"单位名称",单击"确定"按钮。

【注意】
● 如果报表的编制单位是固定的,则可以在格式状态直接录入编制单位的有关内容,不用将编制单位设置为关键字。
● 通过设置关键字可以在每次生成报表数据时,以录入关键字的形式录入单位名称等信息。

三、录入关键字并计算报表数据

1. 在报表"格式"状态窗口中,单击"数据"按钮,系统提示"是否确定全表重算"。
2. 单击"否"按钮,进入报表的"数据"状态窗口。
3. 执行"数据/关键字/录入"命令,打开"录入关键字"对话框。
4. 录入关键字年"2019"、月"01"、日"31"。如图 6-43 所示。

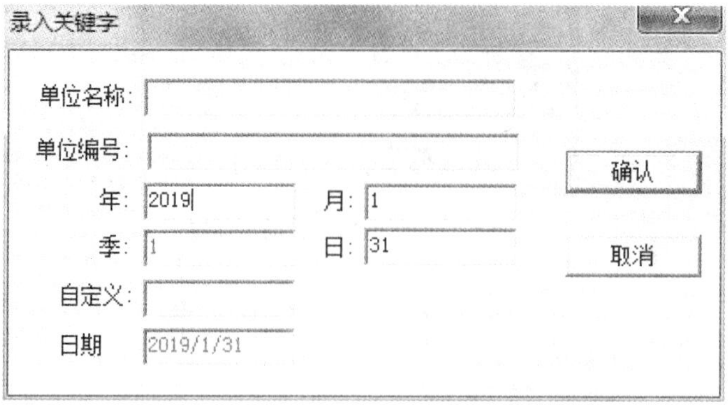

图 6-43

5. 单击“确认”按钮,系统提示“是否重算第 1 页?”,单击“是”按钮,如图 6-44 所示。

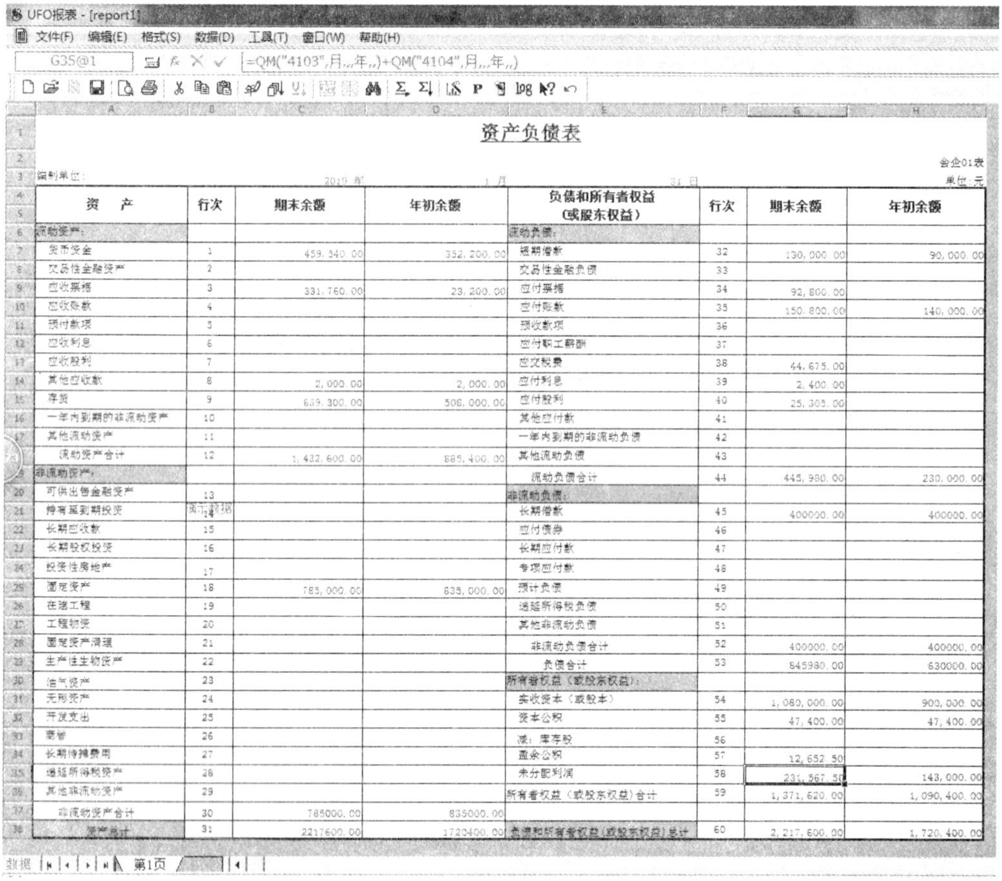

资产负债表

会企01表

编制单位: 2019 年 1 月 31 日 单位:元

资　产	行次	期末余额	年初余额	负债和所有者权益(或股东权益)	行次	期末余额	年初余额
流动资产:				流动负债:			
货币资金	1	459,540.00	352,200.00	短期借款	32	130,000.00	90,000.00
交易性金融资产	2			交易性金融负债	33		
应收票据	3	331,760.00	23,200.00	应付票据	34	92,800.00	
应收账款	4			应付账款	35	150,800.00	140,000.00
预付款项	5			预收款项	36		
应收利息	6			应付职工薪酬	37		
应收股利	7			应交税费	38	44,675.00	
其他应收款	8	2,000.00	2,000.00	应付利息	39	2,400.00	
存货	9	639,300.00	508,000.00	应付股利	40	25,305.00	
一年内到期的非流动资产	10			其他应付款	41		
其他流动资产	11			一年内到期的非流动负债	42		
流动资产合计	12	1,432,600.00	885,400.00	其他流动负债	43		
非流动资产:				流动负债合计	44	445,980.00	230,000.00
可供出售金融资产	13			非流动负债:			
持有至到期投资	14			长期借款	45	400000.00	400000.00
长期应收款	15			应付债券	46		
长期股权投资	16			长期应付款	47		
投资性房地产	17			专项应付款	48		
固定资产	18	785,000.00	835,000.00	预计负债	49		
在建工程	19			递延所得税负债	50		
工程物资	20			其他非流动负债	51		
固定资产清理	21			非流动负债合计	52	400000.00	400000.00
生产性生物资产	22			负债合计	53	845980.00	630000.00
油气资产	23			所有者权益(或股东权益):			
无形资产	24			实收资本(或股本)	54	1,080,000.00	900,000.00
开发支出	25			资本公积	55	47,400.00	47,400.00
商誉	26			减:库存股	56		
长期待摊费用	27			盈余公积	57	12,652.50	
递延所得税资产	28			未分配利润	58	231,567.50	143,000.00
其他非流动资产	29			所有者权益(或股东权益)合计	59	1,371,620.00	1,090,400.00
非流动资产合计	30	785000.00	835000.00				
资产总计	31	2217600.00	1720400.00	负债和所有者权益(或股东权益)总计	60	2,217,600.00	1,720,400.00

图 6-44 生成资产负债表数据

【注意】

● 关键字应采用系统提供的定义关键字功能定义,而不应直接录入。由于所调用的报表模板,在 A3 单元中已经录入了“编制单位”,所以应先删除后再定义。

● 在数据状态中录入关键字后,系统会提示“是否重算第 1 页?”,可以直接单击“是”进行直接计算,也可单击"否"暂不计算,以后再进行计算。

● 如果资产负债表模板公式有问题,也可以按会计准则的要求进行修改,以保证报表数据的正确性。

四、保存资产负债表

执行"文件/保存"命令,在"E:\999 账套备份"中将文件存为"资产负债表"。

第七章　企业1月份经济业务原始凭证

1-1

中国工商银行　金华市分行　转账支票　支票号码：044355

出票日期（大写）贰零壹×年零壹月零壹日　　　付款人名称：工行南苑支行
收款人：金华市光大油泵有限公司　　　　　　　出票人账号：6458

人民币（大写）	壹拾捌万元整	千	百	十	万	千	百	十	元	角	分
			¥	1	8	0	0	0	0	0	0

用途：投资款
上列款项请从
我账户内支付

复核
记账
验印

出票人签章

1-2

国内业务收款回单

客户号：123199886　　　　　　　　日期：201×年01月01日
收款人账号：40234　　　　　　　　付款人账号：6458
收款人名称：金华市光大油泵有限公司　付款人名称：南方公司
收款人开户行：工行开发区支行　　　　付款人开户行：工行南苑支行
金额：CNY180 000.00
人民币壹拾捌万元整

业务种类：支票背书　业务编号：65071873　凭证号码：
用途：投资款
附言：
自助打印，请避免重复
交易机构：27669　交易渠道：网上银行　交易流水号：612400128-662　经办：

回单编号：××××1223265420168　回单验证码：687L6PUTR9RT　打印时间：　打印次数：

打印时间：××××-01-01　10:50:10

2-1

（　　贷款）借款凭证（申请书代收据）　①

单位编号：　　　　　日期　201×年1月2日　　　　　银行编号：

收款单位	全称	金华市光大油泵有限公司	借款单位	全称	工商银行开发区支行
	往来户账号	40234		放款户账号	03261—050665581
	开户银行	工行开发区支行		开户银行	工商银行开发区支行

此联由银行代放款账户付款凭证

借款期限（最后还款日）	10个月（201×年10月3日）	借款计划指标										
借款申请金额	人民币（大写）肆万元整		千	百	十	万	千	百	十	元	角	分
					¥	4	0	0	0	0	0	0
借款原因及用途	流动资金周转	银行核定金额：	千	百	十	万	千	百	十	元	角	分
					¥	4	0	0	0	0	0	0

期限	计划还款日期	√	计划还款日期	银行审批			
				负责人	信贷部门主管		信贷员

兹根据你行贷款办法规定，申请办理上述借款，请核定贷款。
此致

金华市开发区支行
业务专用章
（借款单位预留往来户印章）

会计分录
　　　　　　　　　　　（付出）　　　　　　　　户
　　　　　　　　　　对方科目：（收入）

会计　　　　复核　　　　记账

3-1

办公用品领用登记表

部门：

办公用品名称	数量	部门负责人签字	管理部门签字	使用人

申请人：　　　　日期：

3-2

浙江省增值税普通发票

NO 02036485

发票联

开票日期：201×年1月1日

购货单位	名　　称：金华市光大油泵有限公司 纳税人识别号：330714010167421 地址、电话：金华市东安路6号 开户行及账号：金华市工商银行开发区支行40234	密码区	<6>958317<*4+-5+1327+-7/*64 >2115994831/9258<99/<984396 0302126<0871<9943*/3750<+-7 /*64>2115994831771/*65398>95

货物或应税劳务、服务名称	规格型号	单位	数量	单价	金额	税率	税额
办公用品					689.66	16%	110.34
合计					¥689.66	16%	¥110.34

价税合计（大写）	捌佰元整	（小写）¥800.00

销货单位	名　　称：金华市福华超市 纳税人识别号：330114010134561 地址、电话：金华市吴东路92号 开户行及账号：工商银行6576	备注	网络发票号为：33336846311 查验比对：您可通过www.zjtax.gov.cn或 纳税服务平台查验比对发票内容和税务局 申报内容是否一致，以免不一致造成的 后果

收款人：　　　复核：　　　开票人：周梅　　　销货单位：（章）

4-1

电邮

委托收款凭证（收账通知）　4

第 XI　03656 号

委托日期　201×年1月4日　　　付款期限：　年　月　日

付款方	全称	宏大公司	收款方	全称	金华市光大油泵有限公司		
	账号或地址	20059		账号	40234		
	开户银行	工行江口支行		开户银行	工行开发区支行	行号	76328

委托金额	人民币（大写）	贰万叁仟贰佰元整	十万千百十元角分 ¥ 2 3 2 0 0 0 0

款项内容	货款	委托收款凭证名称	银行承兑汇票	附寄单证张数

备注：	上列款项 1. 以全部划回收入你方账户 2. 全部未收到

单位主管：　　　会计：　　　复核：　　　记账：

付款人开户银行收到日期：201×年1月4日　支付日期：201×年1月4日

第七章 企业1月份经济业务原始凭证

5-1

中国工商银行 转账支票存根 10256420 10354682	中国工商银行　转账支票　10256420　10354682
附加信息	出票日期（大写）　年　月　日　　付款行名称： 收款人：　　　　　　　　　　　出票人账号：
出票日期　年　月　日	人民币（大写）　｜亿｜千｜百｜十｜万｜千｜百｜十｜元｜角｜分｜
收款人：	付款期限自出票之日起十天
金额：	用途＿＿＿＿＿＿　　　　　　密码＿＿＿＿＿＿
用途：	上列款项请从　　　　　　　　行号＿＿＿＿＿＿
单位主管　　会计	我账户内支付　　　　　复核　　　记账 出票人签章

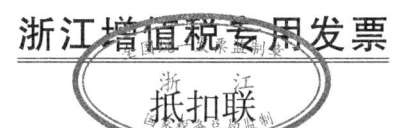

5-2

浙江增值税专用发票　　　　NO 04838859

抵扣联

开票日期：201×年1月5日

购货单位	名称：金华市光大油泵有限公司 纳税人识别号：330114010167421 地址、电话：金华市东安路6号、85251622 开户行及账号：工行开发区支行 40234	密码区	245687478/>+<1248<-<　加密版本：01 *+--457-</148<-22-45　8641516972 *-4-78>879458136845<7+0　14785412 9/92/279>>->98>><1　478131

货物或应税劳务名称	规格型号	单位	数量	单价	金额	税率	税额
A材料		件	400	150	60 000		
B材料		件	300	100	30 000		
合计					90 000	16%	14 400

价税合计（大写）	壹拾万肆仟肆佰元整　　（小写）¥104 400.00

销货单位	名称：正方公司 纳税人识别号：330114010112982 地址、电话：金华市盘云路8号 开户行及账号：工行广场支行　9823	备注	（正方公司发票专用章）

收款人：　　　复核：　　　开票人：张叶　　　销货单位：

第一联抵扣联：购货方记账凭证

5-3

浙江增值税专用发票

NO 04838859

发票联

开票日期：201×年1月5日

购货单位	名　　称：金华市光大油泵有限公司 纳税人识别号：330114010167421 地址、电话：金华市东安路6号、85251622 开户行及账号：工行开发区支行 40234	密码区	245687478/>+<1248<-<　加密版本：01 *+ - -457 -</148< -22 -45　8641516972 *-4-78>879458136845<7+0　14785412 9/92/279>> ->98>><1　478131

货物或应税劳务名称	规格型号	单位	数量	单价	金额	税率	税额
A材料		件	400	150	60 000		
B材料		件	300	100	30 000		
合计					90 000	16%	14 400

价税合计（大写）	壹拾万肆仟肆佰元整	（小写）￥104 400.00

销货单位	名　　称：正方公司 纳税人识别号：330114010112982 地址、电话：金华市盘云路8号 开户行及账号：工行广场支行 9823	备注	

收款人：　　复核：　　开票人：张叶　　销货单位：

第二联发票联：购货方记账凭证

6-1

托收凭证（受理回单）

委托日期　年　月　日

付款人	全称		收款人	全称	
	账号			账号	
	开户银行			开户银行	

金额	人民币 （大写）		千	百	十	万	千	百	十	元	角	分

款项内容		托收凭证名称		附寄单证张数	

备注：　　　　　　　此项受妥日期

　　　　　　　　　　　　　　　　　　　　收款人开户银行签字

复核　　记账　　　　　　　　年　月　日　　　　　　　　　年　月　日

第七章　企业1月份经济业务原始凭证

6-2

浙江省增值税专用发票

NO 001785956

此联不作报销、抵扣凭证使用　　开票日期：201×年1月6日

购货单位	名　　　称：			密码区	45687478/>+<1248<-<　加密版本：01 *+--457-</148<-22-45　4589216972 *-3-65>879458136845<7+0　12455412 8/56/145>>->98>><1　478131	

货物或应税劳务名称	规格型号	单位	数量	单价	金额	税率	税额
合计							

价税合计（大写）	（小写）

销货单位	名　　　称： 纳税人识别号： 地址、电话： 开户行及账号：	备注	

收款人：　　复核：　　开票人：周丽红　　销货单位：（章）

第三联记账联：销货方记账凭证

6-3

出　库　单

发货仓库：　　　　　　　　　　　　　　　　　　　　　　　第　号
领料部门：　　　　　　　　年　月　日

类别	编号	名称型号	单位	应发数量	实发数量	单位成本	金额
		合　计					

负责人：　　经发：　　　保管：黄江　　　填单：

第三联　财务记账

第七章 企业1月份经济业务原始凭证

7-1

浙江省增值税专用发票

抵扣联

NO 2345678

开票日期：201×年1月7日

购货单位	名　　　称：金华市光大油泵有限公司 纳税人识别号：330114010167421 地址、电话：金华市东安路6号、85251622 开户行及账号：工行开发区支行 40234	密码区	245687478/>＋<1248<－<　加密版本：01 ＊＋－－457－</148<－22－45　8641516972 ＊－4－78>879458136845<7＋0　　14785412 9/92/279>>－>98>><1　478131

货物或应税劳务名称	规格型号	单位	数量	单价	金额	税率	税额
广告费					5 000.00	16%	800.00
合计					5 800.00		
价税合计（大写）	伍仟捌佰元整			（小写）¥5 800.00			

销货单位	名　　　称：印象公司 纳税人识别号：3301140101212634 地址、电话：金华市金盘路9号 开户行及账号：工行开发区支行　9878	备注	（印象公司发票专用章）

第一联抵扣联：购货方记账凭证

收款人：　　　复核：　　　开票人：叶安　　　销货单位：

7-2

浙江省增值税专用发票

发票联

NO 2345678

开票日期：201×年1月7日

购货单位	名　　　称：金华市光大油泵有限公司 纳税人识别号：330114010167421 地址、电话：金华市东安路6号、85251622 开户行及账号：工行开发区支行 40234	密码区	245687478/>＋<1248<－<　加密版本：01 ＊＋－－457－</148<－22－45　8641516972 ＊－4－78>879458136845<7＋0　　14785412 9/92/279>>－>98>><1　478131

货物或应税劳务名称	规格型号	单位	数量	单价	金额	税率	税额
广告费					5 000.00	16%	800.00
合计					5 800.00		
价税合计（大写）	伍仟捌佰元整			（小写）¥5 800.00			

销货单位	名　　　称：印象公司 纳税人识别号：3301140101212634 地址、电话：金华市金盘路9号 开户行及账号：工行开发区支行　9878	备注	（印象公司发票专用章）

第二联发票联：购货方记账凭证

收款人：　　　复核：　　　开票人：叶安　　　销货单位：

7-3

中国工商银行 转账支票存根 10256420 10354567		中国工商银行 转账支票	10256420 10354567
附加信息	付款期限自出票之日起十天	出票日期（大写） 年 月 日 收款人：	付款行名称： 出票人账号：
出票日期 年 月 日		人民币（大写）	亿千百十万千百十元角分
收款人：		用途＿＿＿＿＿＿	密码＿＿＿＿＿
金额：		上列款项请从	行号＿＿＿＿＿
用途：		我账户内支付	复核 记账
单位主管 会计		出票人签章	

8-1

借款单   No

根据规定，借款须在形成支出后一个月内报账。到期不还者，将在借款人下一个月工资中开始抵扣，不再另行通知。在还清借款前，原则上不再对借款人所在单位借款。

借款日期		年 月 日	还款日期				年 月 日
借款单位			单位负责人			借款人	
借款用途			项目名称			项目代码	
借款金额	人民币（大写）：					￥：	
借款方式	现金电汇支票汇票	还款报账记录	年 月 日	报销金额	尚欠金额	缴还款	补发款
收款单位							
银行账号							
汇入地							
汇入行			冲销借款号				

单位领导：　　　　　财务科负责人：　　　　　审核：　　　　　出纳：

8-2

中国工商银行 现金支票存根 10256420 10354568	中国工商银行　现金支票	10256420 10354568

中国工商银行　现金支票存根
10256420
10354568

附加信息

出票日期　　年　月　日
收款人：
金额：
用途：
单位主管　　会计

付款期限自出票之日起十天

中国工商银行　现金支票
10256420
10354568

出票日期（大写）　年　月　日　　付款行名称：
收款人：　　　　　　　　　　　　出票人账号：

人民币（大写）	亿	千	百	十	万	千	百	十	元	角	分

用途_____　　　　　　　　　密码_____
上列款项请从　　　　　　　　　行号_____
我账户内支付　　　　　　　　　复核　　　记账
出票人签章

9-1

入库单

收料部门：仓库　　　　　201×年1月9日　　　　　收字第　号

种类	编号	名称	规格	数量	单位	单价	成本总额								
							千	百	十	万	千	百	十	元	角	分
备注															

第三联财务记账

9-2

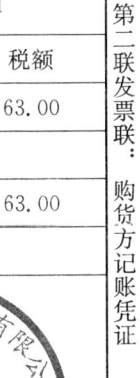

浙江省增值税专用发票

抵扣联

NO 07838849

开票日期：201×年1月9日

购货单位	名　　　　称：金华市光大油泵有限公司 纳税人识别号：330114010167421 地址、电话：金华市东安路6号、85251622 开户行及账号：工行开发区支行 40234	密码区	245687478/>+<1248<-< 加密版本：01 *+--457-</148<-22-45　8641516972 *-4-78>879458136845<7+0　14785412 9/92/279>>->98>><1　478131

货物或应税劳务名称	规格型号	单位	数量	单价	金额	税率	税额
材料运输					630.00	10%	63.00
合计					630.00		63.00
价税合计（大写）	陆佰玖拾叁元整			(小写)¥693.00			

销货单位	名　　　　称：金华市共同运输有限公司 纳税人识别号：790563426756231 地址、电话：金华市金盘路9号 开户行及账号：工行开发区支行　9078	备注	

收款人：　　复核：　　开票人：郑好　　销货单位：

第一联抵扣联：购货方记账凭证

9-3

浙江省增值税专用发票

发票联

NO 07838849

开票日期：201×年1月9日

购货单位	名　　　　称：金华市光大油泵有限公司 纳税人识别号：330114010167421 地址、电话：金华市东安路6号、85251622 开户行及账号：工行开发区支行 40234	密码区	245687478/>+<1248<-< 加密版本：01 *+--457-</148<-22-45　8641516972 *-4-78>879458136845<7+0　14785412 9/92/279>>->98>><1　478131

货物或应税劳务名称	规格型号	单位	数量	单价	金额	税率	税额
材料运输					630.00	10%	63.00
合计					630.00		63.00
价税合计（大写）	陆佰玖拾叁元整			(小写)¥693.00			

销货单位	名　　　　称：金华市共同运输有限公司 纳税人识别号：790563426756231 地址、电话：金华市金盘路9号 开户行及账号：工行开发区支行　9078	备注	

收款人：　　复核：　　开票人：郑好　　销货单位：

第二联发票联：购货方记账凭证

10-1

中国工商银行 现金支票存根 10256420 10354827	中国工商银行　现金支票　10256420　10354827
附加信息	出票日期(大写)　年　月　日　　付款行名称：
	收款人：　　　　　　　　　　　　出票人账号：
出票日期　年　月　日	人民币（大写）　｜亿｜千｜百｜十｜万｜千｜百｜十｜元｜角｜分｜
收款人：	用途_____　　　　　　　　　密码_____
金额：	上列款项请从　　　　　　　　　行号_____
用途：	我账户内支付　　　　　　　　　复核　　　记账
单位主管　会计	出票人签章

付款期限自出票之日起十天

11-1

工资结算汇总表

年　月　　　　　　　　　　　　　　　　　　　　　　　　单位：元

车间、部门类型		职工人数	标准工资	应扣工资	应发奖金及津贴	应付工资	代扣款项				实发金额
							职工养老金	失业保险金	个人所得税	合计	
基本生产车间	生产工人					104 000					104 000
	车间管理人员					26 000					26 000
	合计					130 000					130 000
企业管理部门						40 000					40 000
合计						170 000					170 000

12-1

浙江增值税专用发票 （抵扣联）

NO 04838859

开票日期：201×年1月11日

购货单位	名称：金华市光大油泵有限公司 纳税人识别号：330114010167421 地址、电话：金华市东安路6号、85251622 开户行及账号：工行开发区支行 40234	密码区	245687478/>+<1248<-<　加密版本：01 *+--457-</148<-22-45　8641516972 *-4-78>879458136845<7+0　14785412 9/92/279>>->98>><1　478131

货物或应税劳务名称	规格型号	单位	数量	单价	金额	税率	税额
A材料		件	600	150	90 000		
B材料		件	400	100	40 000		
合计					130 000	16%	20 800

价税合计（大写）	壹拾伍万零捌佰元整	（小写）¥150 800.00

销货单位	名称：正方公司 纳税人识别号：330114010112982 地址、电话：金华市盘云路8号 开户行及账号：工行广场支行 9823	备注	（正方公司发票专用章）

收款人：　复核：　开票人：张叶　销货单位：

第一联抵扣联：购货方记账凭证

12-2

浙江增值税专用发票 （发票联）

NO 04838859

开票日期：201×年1月11日

购货单位	名称：金华市光大油泵有限公司 纳税人识别号：330114010167421 地址、电话：金华市东安路6号、85251622 开户行及账号：工行开发区支行 40234	密码区	245687478/>+<1248<-<　加密版本：01 *+--457-</148<-22-45　8641516972 *-4-78>879458136845<7+0　14785412 9/92/279>>->98>><1　478131

货物或应税劳务名称	规格型号	单位	数量	单价	金额	税率	税额
A材料		件	600	150	90 000		
B材料		件	400	100	40 000		
合计					130 000	16%	20 800

价税合计（大写）	壹拾伍万零捌佰元整	（小写）¥150 800.00

销货单位	名称：正方公司 纳税人识别号：330114010112982 地址、电话：金华市盘云路8号 开户行及账号：工行广场支行 9823	备注	（正方公司发票专用章）

收款人：　复核：　开票人：张叶　销货单位：

第二联发票联：购货方记账凭证

12－3

入库单

收料部门：仓库　　　　　201×年1月11日　　　　　收字第　号

种类	编号	名称	规格	数量	单位	单价	成本总额 千 百 十 万 千 百 十 元 角 分
备注							

负责人：孙立　　　　记账：李涛　　　　验收：张华　　　　填单：刘为

第三联财务记账

12－4

浙江省增值税专用发票

NO 07838849

抵扣联

开票日期：201×年1月11日

购货单位	名　　称：金华市光大油泵有限公司 纳税人识别号：330114010167421 地址、电话：金华市东安路6号、85251622 开户行及账号：工行开发区支行 40234	密码区	245687478/>＋＜1248＜－＜　加密版本：01 ＊＋－－457－＜/148＜－22－45　8641516972 ＊－4－78＞879458136845＜7＋0　14785412 9/92/279＞＞－＞98＞＞＜1　478131

货物或应税劳务名称	规格型号	单位	数量	单价	金额	税率	税额
材料运输					270.00	10%	27.00
合计					270.00		27.00
价税合计（大写）	贰佰玖拾柒元整			（小写）¥297.00			

销货单位	名　　称：金华市共同运输有限公司 纳税人识别号：790563426756231 地址、电话：金华市金盘路9号 开户行及账号：工行开发区支行　9078	备注	

收款人：　　　复核：　　　开票人：郑好　　　销货单位：

第一联抵扣联：购货方记账凭证

12-5

浙江省增值税专用发票

NO 07838849

发票联

开票日期：201×年1月11日

购货单位	名　　称：金华市光大油泵有限公司 纳税人识别号：330114010167421 地址、电话：金华市东安路6号、85251622 开户行及账号：工行开发区支行 40234	密码区	245687478/>+<1248<-< 加密版本：01 *+--457-</148<-22-45　8641516972 *-4-78>879458136845<7+0　14785412 9/92/279>>->98>><1　478131

货物或应税劳务名称	规格型号	单位	数量	单价	金额	税率	税额
材料运输					270.00	10%	27.00
合计					270.00		27.00
价税合计（大写）	贰佰玖拾柒元整			（小写）¥297.00			

销货单位	名　　称：金华市共同运输有限公司 纳税人识别号：790563426756231 地址、电话：金华市金盘路9号 开户行及账号：工行开发区支行　9078	备注	（金华市共同运输有限公司 发票专用章）

收款人：　　复核：　　开票人：郑好　　销货单位：

第二联发票联：购货方记账凭证

13-1

浙江增值税专用发票

NO 001785960

此联不作报销、抵扣凭证使用

开票日期：201×年1月12日

购货单位	名　　称： 纳税人识别号： 地址、电话： 开户行及账号：	密码区	458687478/>+<1248<-< 加密版本：01 *+--457-</148<-22-45　4589216972 *-3-65>879458136845<7+0　2455412 8/56/145>>->98>><1　478131

货物或应税劳务名称	规格型号	单位	数量	单价	金额	税率	税额
合计							
价税合计（大写）				（小写）			

销货单位	名　　称： 纳税人识别号： 地址、电话： 开户行及账号：	备注	

收款人：　　复核：　　开票人：　　销货单位：

第三联记账联：销货方记账凭证

13－2

出库单

发货仓库：仓库　　　　　　　　　　　　　　　　　　　　　　　　第　号
提货单位：　　　　　　　　　　　　　　　　　　　　　　　　　　　年　月　日

类别	编号	名称型号	单位	应发数量	实发数量	单位成本	金额
	合计						

第三联 财务记账

负责人：　　　　　经发：　　　　　保管：　　　　　填单：

13－3

银行承兑汇票（卡片）

2 汇票号码

开票日期(大写)：贰零壹×年零壹月壹拾贰日　　　　　　　　　　第 XI025 号

付款人	全称	达能公司	收款人	全称	金华市光大油泵有限公司
	账号	5623		账号	40234
	开户银行	工行江大支行　行号 34365		开户银行	工行开发区支行　行号 76328

出票金额	人民币(大写)叁拾叁万壹仟柒佰陆拾元整	千 百 十 万 千 百 十 元 角 分
		¥　3 3 1 7 6 0 0 0
汇票日期		交易合同号码

本汇票已经承兑,到期无条件支付票款　　　　本汇票请予以承兑于到期日付款

（中国工商银行股份有限公司 汇票专用章）　（达能公司 财务专用章）（亦永 李印）

承兑人签章
承兑日期　201×年1月12日　　　　　　　　　　　　　出票签章

此联持票人开户行随委托收款凭证寄付款人 开行作借方凭证附件

14-1

工商银行　电汇凭证　（回　单）1

☐普通　☐加急　　　　委托日期　201×年1月13日　　　　　　　　　　NO：998877

汇款人	全称	金华市光大油泵有限公司	收款人	全称	正方公司
	账号	40234		账号	9823
	汇出地	省　　　市/县		汇入地址	省　　　市/县
汇出行名称		工行开发区支行	汇入行名称		工商银行
金额	人民币（大写）	壹拾肆万元整		亿千百十万千百十元角分 ￥ 1 4 0 0 0 0 0 0 0

此汇款支付给收款人

（中国工商银行股份有限公司 金华市开发区支行 业务专用章）

支付密码

附加信息及用途：

汇出行签章　　　　　　　　　　　复核　　记账

此联汇出行做借方凭证

15-1

差　旅　费　报　销　单

201×年1月14日

姓名：　　　　　　部门：市场部　　　　出差事由：　　　　　　单据张数　　张

起止日期				起止地点	火车费	市内车费	住宿费	途中伙食补助			住勤费		其他
月	日	月	日					标准	天数	金额	天数	金额	
				合计									

人民币(大写)：　　　　　　　　　　　　　应退(补)：

审核：　　　　　部门主管：　　　　　部门主管：　　　　　财务主管：

第七章　企业1月份经济业务原始凭证　　　　137

15－2

收款收据

201×年1月14日　　　　　　　　　　　　　　　　　　　　　　　编号：154769

交款人（单位）	
摘要	
金额（大写）	万 千 百 十 元 角 分

主管：　　　　　　　会计：　　　　　　　出纳：

16－1

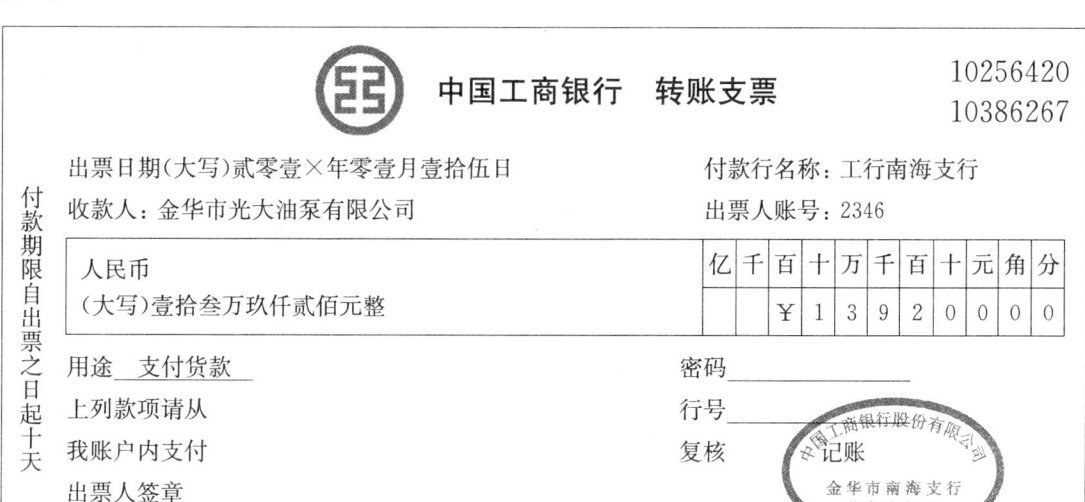

中国工商银行　转账支票

10256420
10386267

出票日期(大写)贰零壹×年零壹月壹拾伍日　　付款行名称：工行南海支行
收款人：金华市光大油泵有限公司　　　　　　出票人账号：2346

人民币	亿 千 百 十 万 千 百 十 元 角 分
（大写）壹拾叁万玖仟贰佰元整	￥ 1 3 9 2 0 0 0 0

用途　支付货款　　　　　　　　　　　密码
上列款项请从　　　　　　　　　　　　行号
我账户内支付　　　　　　　　　　　　复核　　　记账
出票人签章

付款期限自出票之日起十天

（中国工商银行股份有限公司 金华市南海支行 业务专用章）

16－2

国内业务收款回单

客户号：2340876008　　　　　　　　日期：××××年01月15日
收款人账号：40234　　　　　　　　　付款人账号：6458
收款人名称：金华市光大油泵有限公司　付款人名称：艺加公司
收款人开户行：工行开发区支行　　　　付款人开户行：工行南海支行
金额：139 200.00
人民币壹拾叁万玖仟贰佰元整

业务种类：银行转账业务　　　　　　　凭证号码：
用途：货款
附言：
自助打印，请避免重复
交易机构：27669　　交易渠道：网上银行　交易流水号：612400128—662　经办：

（中国工商银行股份有限公司 金华市南海支行 业务专用章）

回单编号：××××1223265420168　　回单验证码：687L6PUTR9RT　　打印时间：　　打印次数：
打印时间：××××-01-15　10:50:10

17－1

中国工商银行现金支票存根
10256420
10354569

附加信息

出票日期　年　月　日
收款人：
金额：
用途：
单位主管　　会计

中国工商银行　现金支票　10256420　10354569

出票日期(大写)　年　月　日　　付款行名称：
收款人：　　　　　　　　　　　出票人账号：

人民币（大写）　| 亿 | 千 | 百 | 十 | 万 | 千 | 百 | 十 | 元 | 角 | 分 |

用途＿＿＿　　　　　　　　　　密码＿＿＿＿
上列款项请从　　　　　　　　　行号＿＿＿＿
我账户内支付　　　　　　　　　复核　　记账
出票人签章

付款期限自出票之日起十天

18－1

商业承兑汇票（卡片）2

开票日期(大写)：　年　月　日　　　　　汇票号码：第 XI025 号

付款人	全称		收款人	全称	
	账号			账号	
	开户银行	行号		开户银行	行号

出票金额　人民币(大写)　　　| 千 | 百 | 十 | 万 | 千 | 百 | 十 | 元 | 角 | 分 |

汇票日期　　　　　　　　　　交易合同号码

本汇票已经承兑,到期无条件支付票款　　本汇票请予以承兑于到期日付款

承兑人签章
承兑日期　201×年 1 月 17 日　　　　　　出票签章

此联持票人开户行随委托收款凭证寄付款人　　开户行作借方凭证附件

18-2

浙江增值税专用发票

抵扣联

NO 04838859

开票日期：201×年1月17日

购货单位	名称：金华市光大油泵有限公司 纳税人识别号：330114010167421 地址、电话：金华市东安路6号、85251622 开户行及账号：工行开发区支行 40234	密码区	245687478/>+<1248<-< 加密版本：01 *+--457-</148<-22-45 8641516972 *-4-78>879458136845<7+0 14785412 9/92/279>>->98>><1 478131

货物或应税劳务名称	规格型号	单位	数量	单价	金额	税率	税额
A材料		件	200	150	30 000		
B材料		件	500	100	50 000		
合计					80 000	16%	12 800

价税合计（大写）	玖万贰仟捌佰元整	（小写）¥92 800.00

销货单位	名称：正方公司 纳税人识别号：330114010112982 地址、电话：金华市盘云路8号 开户行及账号：工行广场支行 9823	备注	（正方公司发票专用章）

收款人：　　复核：　　开票人：张叶　　销货单位：

第一联 抵扣联：购货方记账凭证

18-3

浙江增值税专用发票

发票联

NO 04838859

开票日期：201×年1月17日

购货单位	名称：金华市光大油泵有限公司 纳税人识别号：330114010167421 地址、电话：金华市东安路6号、85251622 开户行及账号：工行开发区支行 40234	密码区	245687478/>+<1248<-< 加密版本：01 *+--457-</148<-22-45 8641516972 *-4-78>879458136845<7+0 14785412 9/92/279>>->98>><1 478131

货物或应税劳务名称	规格型号	单位	数量	单价	金额	税率	税额
A材料		件	200	150	30 000		
B材料		件	500	100	50 000		
合计					80 000	16%	12 800

价税合计（大写）	玖万贰仟捌佰元整	（小写）¥92 800.00

销货单位	名称：正方公司 纳税人识别号：330114010112982 地址、电话：金华市盘云路8号 开户行及账号：工行广场支行 9823	备注	（正方公司发票专用章）

收款人：　　复核：　　开票人：张叶　　销货单位：

第二联 发票联：购货方记账凭证

19-1

中国工商银行　转账支票

10256420
103547267

出票日期(大写)贰零壹×年零壹月壹拾捌日　　付款行名称：工行南海支行

收款人：金华市光大油泵有限公司　　出票人账号：2346

人民币	亿	千	百	十	万	千	百	十	元	角	分
(大写)贰拾万捌仟捌佰元整				¥	2	0	8	8	0	0	0

用途　支付货款　　　　密码

上列款项请从　　　　　行号

我账户内支付　　　　　复核

出票人签章

付款期限自出票之日起十天

19-2

国内业务收款回单

客户号：2340876008　　　　　　　日期：××××年01月18日

收款人账号：40234　　　　　　　付款人账号：2346

收款人名称：金华市光大油泵有限公司　　付款人名称：艺加公司

收款人开户行：工行开发区支行　　付款人开户行：工行南海支行

金额：208 800.00

人民币贰拾万捌仟捌佰元整

业务种类：银行转账业务　　　　凭证号码：

用途：支付货款

附言：

自助打印,请避免重复

交易机构：27669　　交易渠道：网上银行　　交易流水号：612400128—662　　经办：

回单编号：××××1223265420168　　回单验证码：687L6PUTR9RT　　打印时间：　　　　打印次数：

第七章　企业1月份经济业务原始凭证　　　　　　　　145

19-3

浙江增值税专用发票

NO 001785988

此联不作报销、抵扣凭证使用

开票日期：201×年1月18日

购货单位	名　　　称：	密码区	458687478/>+<1248<-< 加密版本：01 *+--457-</148<-22-45　4589216972 *-3-65>879458136845<7+0　2455412 8/56/145>>->98>><1　478131
	纳税人识别号：		
	地址、电话：		
	开户行及账号：		

货物或应税劳务名称	规格型号	单位	数量	单价	金额	税率	税额
合计							
价税合计（大写）				（小写）			

销货单位	名　　　称：	备注
	纳税人识别号：	
	地址、电话：	
	开户行及账号：	

收款人：　　　复核：　　　开票人：　　　销货单位：

第三联记账联：销货方记账凭证

20-1

浙江增值税专用发票

NO 04838859

抵扣联

开票日期：201×年1月20日

购货单位	名　　　称：金华市光大油泵有限公司	密码区	245687478/>+<1248<-< 加密版本：01 *+--457-</148<-22-45　8641516972 *-4-78>879458136845<7+0　14785412 9/92/279>>->98>><1　478131
	纳税人识别号：330114010167421		
	地址、电话：金华市东安路6号、85251622		
	开户行及账号：工行开发区支行40234		

货物或应税劳务名称	规格型号	单位	数量	单价	金额	税率	税额
水费							
合计					4 500.00	10%	450.00
价税合计（大写）	肆仟玖佰伍拾元整			（小写）¥4 950.00			

销货单位	名　　　称：金华自来水公司	备注
	纳税人识别号：913301563426777690	
	地址、电话：金华市八一南路90号	
	开户行及账号：工行婺城支行42045278892	

收款人：　　　复核：　　　开票人：李华华　　　销货单位：（金华自来水公司 发票专用章）

第一联抵扣联：购货方记账凭证

20-2

浙江增值税专用发票

NO 04838859

开票日期：201×年1月20日

购货单位	名称：金华市光大油泵有限公司 纳税人识别号：330114010167421 地址、电话：金华市东安路6号，85251622 开户行及账号：工行开发区支行 40234	密码区	245687478/>+<1248<-< 加密版本：01 *+--457-</148<-22-45 8641516972 *-4-78>879458136845<7+0 14785412 9/92/279>>->98>><1 478131

货物或应税劳务名称	规格型号	单位	数量	单价	金额	税率	税额
水费							
合计					4 500.00	10%	450.00

价税合计（大写）　　肆仟玖佰伍拾元整　　　　（小写）¥4 950.00

销货单位	名称：金华自来水公司 纳税人识别号：913301563426777690 地址、电话：金华市八一南路90号 开户行及账号：工行婺城支行 42045278892	备注	

收款人：　　　复核：　　　开票人：李华华　　　销货单位：

20-3

委托收款凭证（付款通知）5

委托日期　201×年1月20日　　　第556677号　　委托号码420391　　付款日期　年　月　日

付款人	全称	金华市光大油泵有限公司	收款人	全称	金华市自来水公司
	账号或地址	40234		账号	42045278892
	开户银行	工行开发区支行		开户银行	工行婺城支行　行号

委托收款	人民币（大写）	肆仟玖佰伍拾元整	千 百 十 万 千 百 十 元 角 分 　　　　¥ 4 9 5 0 0 0

款项内容	水费	委托收款票据名称		附寄单证张数	

备注：

付款人注意
1. 应于检票当日通知开户银行划款
2. 如需拒付，应在规定期限内，将拒付理由书并附债务证明退交开户银行。

单位主管：　会计：　复核：　记账：　付款人开户银行盖章：　年　月　日

21-1

浙江增值税专用发票 抵扣联 NO 04838859

开票日期：201×年1月20日

购货单位	名称：金华市光大油泵有限公司 纳税人识别号：330114010167421 地址、电话：金华市东安路6号、85251622 开户行及账号：工行开发区支行 40234	密码区	245687478/>+<1248<-<　加密版本：01 *+--457-</148<-22-45　8641516972 *-4-78>879458136845<7+0　14785412 9/92/279>>->98>><1　478131

货物或应税劳务名称	规格型号	单位	数量	单价	金额	税率	税额
电费							
合计					12 000.00	16%	1 920.00
价税合计（大写）	壹万叁仟玖佰贰拾元整				（小写）¥13 920.00		

销货单位	名称：金华市电力公司 纳税人识别号：913301563426777690 地址、电话：金华市解放路68号 开户行及账号：工行解放路支行 45871369514	备注	

收款人：　　复核：　　开票人：李莉莉　　销货单位：

第一联抵扣联：购货方记账凭证

21-2

浙江增值税专用发票 发票联 NO 04838859

开票日期：201×年1月20日

购货单位	名称：金华市光大油泵有限公司 纳税人识别号：330114010167421 地址、电话：金华市东安路6号、85251622 开户行及账号：工行开发区支行 40234	密码区	245687478/>+<1248<-<　加密版本：01 *+--457-</148<-22-45　8641516972 *-4-78>879458136845<7+0　14785412 9/92/279>>->98>><1　478131

货物或应税劳务名称	规格型号	单位	数量	单价	金额	税率	税额
电费							
合计					12 000.00	16%	1 920.00
价税合计（大写）	壹万叁仟玖佰贰拾元整				（小写）¥13 920.00		

销货单位	名称：金华市电力公司 纳税人识别号：913301563426777690 地址、电话：金华市解放路68号 开户行及账号：工行解放路支行 45871369514	备注	

收款人：　　复核：　　开票人：李莉莉　　销货单位：

第二联发票联：购货方记账凭证

21-3

| 委邮 |

委托收款凭证(付款通知)5

第 667788 号
委托日期　201×年 1 月 20 日
委托号码 420391
付款日期　　年　月　日

付款人	全称	金华市光大油泵有限公司	收款人	全称	金华市电力公司
	账号或地址	40234		账号	45871369514
	开户银行	工行开发区支行		开户银行	工行解放路支行　行号

委托收款	人民币（大写）	壹万叁仟玖佰贰拾元整	千 百 十 万 千 百 十 元 角 分
			¥ 　1 3 9 2 0 0 0

款项内容	电费	委托收款票据名称		附寄单证张数	

备注：

付款人注意
1. 应于检票当日通知开户银行划款
2. 如需拒付，应在规定期限内，将拒付理由书并附债务证明退交开户银行

付款人开户银行盖章　　年　月　日

单位主管：　会计：　复核：　记账：

此联收款人开户银行给付款人按期付款的通知

22-1

国内业务付款回单

客户号：102367886　　　　　　　　日期：201×年 1 月 25 日
收款人账号：40234
收款人名称：金华市光大油泵有限公司
收款人开户行：工行开发区支行
金额：CNY2 000.00
人民币贰仟元整

业务种类：收费　业务编号：65256790　凭证号码：
用途：利息
备注：
附言：
自助打印，请避免重复
交易机构：27669　交易渠道：网上银行　交易流水号：659842798--889　经办：

回单编号：××××1209965553168　回单验证码：687L6PUTR9RT　打印时间：　　打印次数：
打印时间：××××-1-25　15:20:46

23－1

长期借款利息计提表

201×年1月25日

序号	借款开始日期	本金	月利率	本月利息
	—	400 000		2 400

24－1

国内支付业务付款回单

客户号：102367886　　　　　　　　　　　日期：201×年1月25日
付款人账号：40234　　　　　　　　　　　收款人账号：
付款人名称：金华市光大油泵有限公司　　　收款人名称：国家金库金华市中心金库
付款人开户行：工行开发区支行　　　　　　收款人开户行：
金额：CNY40 000.00
人民币肆万元整

业务种类：实时缴税　　业务编号：98649294　　凭证号码：2017011409224363
纳税人识别号：913307101995141601　　缴款书交易流水号：19326853　　税票号码：2017011567013720
征收机关名称：金华市地方税务局婺城税务分局
税（费）种名称：增值税　　所属日期：201×/01/01－01/30
附言：
交易机构：27169　　交易渠道：其他　　交易流水号：659896798－831　　经办：

回单编号：××××1209965483268　　回单验证码：687L6PUTR9RT　　打印时间：14:20:46　　打印次数：

25－1

固定资产折旧计算表

年　月　日

月分类折旧率 部门	房屋建筑 0.3%			机器设备 1%			其他设备 1.60%			合计
	原值	折旧额	原值	折旧额	原值	折旧额	
合计							

26 - 1

发料凭证汇总表

年　月　日

总账科目	明细科目	A材料		B材料		实际成本合计
		数量	金额	数量	金额	
	合计					

复核

27 - 1

生产工人工资费用分配汇总表

年　月　日

产品、车间和部门	生产耗用工时	分配率	应分配金额
合计			

27 - 2

工资分配表

年　月　日

车间、部门类型		职工人数	标准工资	应扣工资	应发奖金及津贴	应付工资
基本生产车间	生产工人					
	车间管理人员					
	合计					
企业管理部门						
合计						
总计						

28－1

基本生产车间制造费用分配表

年 月 日

产品	生产工时	分配率	应分配金额
合计			

29－1

产品入库汇总表

编报单位：　　　　　　　　　　　　　年 月 日

编号	品名	规格	单位	数量	金额

记账：　　　　　　　　　　保管：

30－1

产品销售成本计算表

年 月 日

项目	甲商品	乙产品	合计
月初余额	90 000	40 000	130 000
本月入库			
本月销售			
月末余额			

31－1

所得税计算表

年 月 日

本年利润	税率	应纳所得税	已纳所得税	本期应纳所得税

32 - 1

损益类账户本期发生额

年　月　日

账户名称	借方发生额	贷方发生额
主营业务收入		
主营业务成本		
管理费用		
销售费用		
财务费用		
所得税费用		

33 - 1

净利润结转表

年　月　日

项目	金额
净利润	
转入利润分配	

34 - 1

盈余公积计提表

年　月　日

项目	提取比例	金额
净利润	—	
提取盈余公积	10%	

35 - 1

应付利润计算表

年　月　日

项目	提取比例	金额
向投资者分配利润	—	25 305

附件表1

银行存款日记账

201×年		凭证号	摘要	结算凭证		对方科目	借方	贷方	余额
月	日			种类	号数				
01	01								330 000
01	01	收0001	收到投资款	转账支票	044355	实收资本	180 000		510 000
01	02	收0002	收到短期借款存入银行			短期借款	40 000		550 000
01	04	收0003	收到宏大公司前欠货款	委托收款	XI03656	应收账款	23 200		573 200
01	05	付0002	购入材料	转账支票	12345678	在途物资、应交税费		104 400	468 800
01	07	付0003	支付广告费	转账支票	2345678	销售费用		5 800	463 000
01	08	付0004	预借差旅费	现金支票	3456789	其他应收款		1 500	461 500
01	10	付0006	提现金备发工资	现金支票	334455	库存现金		170 000	291 500
01	13	付0009	支付上月前欠正方公司货税款	电汇	998877	应付账款		140 000	151 500
01	15	收0005	收到艺加公司货款	转账支票	112233	应收账款	139 200		290 700
01	17	付0010	提到现金备用	现金支票	445566	库存现金		500	290 200
01	18	收0006	销售商品	转账支票	456789	主营业务收入、应交税费	208 800		499 000
01	20	付0011	支付水费	委托收款	556677	制造费用、管理费用		4 950	494 050
01	20	付0012	支付电费	委托收款	667788	制造费用、管理费用		13 920	480 130
01	25	付0013	支付短期借款利息	网银	778899	财务费用		2 000	478 130
01	25	付0014	交纳上月增值税			应交税费		40 000	438 130
01	31		本月合计				591 200	483 070	438 130

附件表 2

银行对账单

201×年		摘要	结算凭证		借方	贷方	余额
月	日		种类	号数			
01	01						330 000
01	01	收到投资款	转账支票	044355	180 000		510 000
01	02	收到短期借款存入银行			40 000		550 000
01	04	收到宏大公司前欠货款	委托收款	XI03656	23 200		573 200
01	05	购入材料	转账支票	12345678		104 400	468 800
01	07	支付广告费	转账支票	2345678		5 800	463 000
01	08	预借差旅费	现金支票	3456789		1 500	461 500
01	10	提现金备发工资	现金支票	334455		170 000	291 500
01	13	支付上月前欠正方公司货税款	电汇	998877		140 000	151 500
01	15	收到艺加公司货款	转账支票	112233	139 200		290 700
01	17	提到现金备用	现金支票	445566		500	290 200
01	18	销售商品	转账支票	456789	208 800		499 000
01	20	支付水费	委托收款	556677		4 950	494 050
01	20	支付电费	委托收款	667788		13 920	480 130
01	25	支付短期借款利息	网银	778899		2 000	478 130
01	31	本月合计			591 200	443 070	478 130

附件表3

银行存款余额调节表

201×年1月31日

项目	金额	项目	金额
企业银行存款日记账余额		银行对账单余额	
加：银行已收企业未收		加：企业已收银行未收	
减：银行已付企业未付		减：企业已付银行未付	
调节后存款余额		调节后存款余额	